저는 아직 아이들에게 코딩을 가르치지 않습니다

개발자 아빠의 소프트웨어 교육 일기   **고승원** 지음

소프트웨어 기술을 통해 세상에 선한 영향을 주고 싶은 22년 차 소프트웨어 개발자입니다. 지식을 나누는 것을 좋아하고 새로운 기술을 익히는 것을 좋아합니다.

국내외 약 40개가 넘는 글로벌 기업 ERP 시스템을 구축하는 컨설턴트 및 개발자로 활동하였고, 지금은 주식회사 리턴밸류의 대표이사로 일하고 있습니다. 리턴밸류(ReturnValues)는 가치 이상의 가치를 사용자에게, 같이 일하는 동료에게, 이웃에게, 세상에 돌려주는 이념을 품고 있습니다.

개발자뿐만 아니라, UX 컨설턴트, 비즈니스 컨설턴트로 일하면서 애플리케이션과 서비스 개발 시 기획에서 개발까지 전 과정에 대한 수많은 경험을 쌓아왔습니다. 이제는 20년이 넘는 실무 경험을 바탕으로 후배들에게 정말 필요한 기술, 제대로 된 지식을 전달하자는 사명감으로 지식 나눔을 하고 있습니다.

주식회사 리턴밸류 대표이사
팬임 팩트 코리아 기술 전문위원
유튜브 채널 - '개발자의 품격' 운영
저서 - '디자인 씽킹을 넘어 프로그래밍 씽킹으로' <비제이퍼블릭>,
　　　'Vue.js 프로젝트 투입 일주일 전' <비제이퍼블릭>,
　　　'The Essentials of Smart Contract Development for Solidity Developers' <아마존>

이메일 - seungwon.go@gmail.com
블로그 - https://seungwongo.medium.com
유튜브 - https://www.youtube.com/c/개발자의품격

이 책의 구성

이 책은 크게 2부로 구성되어 있습니다. 1부에서는 소프트웨어 교육에 앞서 아이들이 올바른 사고와 가치관을 가질 수 있도록 저자가 생각하고 있는 인성교육을 다루고 있고, 2부에서는 창의력을 키우기 위해 저자가 시도한 다양한 소프트웨어 교육을 다룹니다.

이 책은 저자와 저자 가족이 일상생활에서 하는 다양한 활동을 통해, 독자들에게 아이들을 위한 소프트웨어 교육은 어떻게 해야 할지를 알려드리고 함께 고민해 볼 것을 제안합니다.

등장인물

승원 3남매 아빠. 책의 저자. 소프트웨어 개발자. 아이스크림 킬러.

하영 3남매 엄마. 실권자. 아이들과 잘 놀아줌. 학창 시절 안 한 공부를 엄마가 되어서 아이들 때문에 하고 있음.

은혁 첫째. 13살. 순진무구. 낭만인. 어린 동생들과 잘 놀아준다고 생각하지만, 사실 동생들이 오빠와 놀아 줌. 사람은 누구나 각자 잘할 수 있는 게 있다고 생각하고, 작은 성과에도 매우 크게 만족하는 성향이 있음. 혼을 내도 금방 잊어버림. 운동을 매우 좋아함.

은서 둘째. 11살. 승부사이지만 허당끼도 있음. 아빠를 가장 많이 닮음. 논리적이고 무엇이든 빨리 배우고, 무엇이든 잘하고 싶어 하는 욕심쟁이. 오빠와 매일 싸우지만, 오빠를 매우 좋아해서 뭐든 오빠가 하는 것은 따라 하고 싶어 함.

은솔 막내. 6살. 오빠와 언니를 반반씩 닮은 귀염둥이. 생긴 것도 귀요미, 하는 짓도 귀요미. 감성적이고 친구들을 잘 챙김. 아빠의 사랑을 독차지하고 있음.

감사의 말

이 책에 기록한 우리 가족의 다양한 활동을 SNS에 올릴 때면, 글을 본 분들이 자기 가족도 우리 가족이 하는 활동을 하고 싶은데 어떻게 해야 하냐고 물어봅니다. 그리고 어떤 분들은 이런 활동에 자기 아이도 같이 참여시킬 수 없냐고 합니다. 사실 그런 제안을 받을 때마다 정중히 거절했습니다. 거절한 이유는 내 아이가 아니면 이렇게 많은 에너지를 소비할 수 없을 것 같았기 때문입니다. 그만큼 아이를 키우는 것, 제가 생각하는 소프트웨어 그리고 인성 교육을 제대로 하기는 쉽지 않은 일입니다. 그래서 제가 어떤 생각으로, 그리고 어떤 방식으로 소프트웨어 교육을 하고 있는지를 책에 담아 집필한다면, 좀 더 많은 부모에게 도움이 될 수 있을 거라고 생각하게 되었습니다.

부족하지만 저에게 이런 나눔을 실천할 수 있도록 기회를 준 비제이퍼블릭 관계자분께 감사의 말씀을 드립니다. 마지막으로 저와 같은 생각으로 아이들과 많은 시간을 보내고 있는 사랑하는 아내 이하영, 그리고 우리 아이들 은혁, 은서, 은솔에게 감사의 인사를 전합니다. 내 가족이 되어줘서 고마워.

팬임팩트코리아 곽제훈 대표

대한민국에서 전혀 식을 것 같지 않은 분야가 있다면 바로 '교육'과 'IT'일 것입니다. 그리고 이 두 개가 결합된 'IT 교육'은 부모들의 가장 큰 관심사입니다. 한국의 많은 부모가 자녀의 IT 교육에 대해 고민하지만, 그중 대부분의 부모는 IT에 대한 전문지식이 부족하거나, IT 교육에 대한 뾰족한 해법을 찾지 못하고 있을 것입니다.

이 책의 저자는 실력 있는 개발자이면서 동시에 아이들을 위한 가치 있는 교육에 대해 진정한 관심을 갖는 좋은 아빠이기도 합니다. 마침 이 저자가 대부분의 부모가 잘 모르는 IT 교육에 대한 조언과 좋은 사례들을 모아 집필한다고 했을 때, 시의적절한 주제에 공감했을 뿐만 아니라, 누구보다 진솔하게 이를 잘 공유할 수 있는 저자와 그의 도서 출간이 매우 반가웠습니다.

이미 IT는 저물 수 없는 산업이자 인류의 일상이 되었습니다. 이러한 시대에서 자녀의 교육에 대해 고민이 많은 부모라면, 이 도서가 가장 적합한 '양육서'로 큰 도움이 될 수 있을 거라 생각합니다.

볼드피리어드 김치호 대표

저자는 요샛말로 '부캐'를 많이 보유한 다재다능한 사람이다. 그는 호기심 많은 개발자이고, 사업하는 대표이자 컨설턴트이며, 이미 몇 권의 책을 펴낸 저자이기도 하고, 동시에 자녀들을 창의적 방법으로 교육하는 아빠로서 살고 있으며, 이 모든 일을 수행하기 위해 그의 시간을 잘게 쪼개어 사용하는 부지런쟁이다.

그가 '아이들을 위한 소프트웨어 교육'에 대한 책을 쓴다고 했을 때, 볼드저널 발행인으로서 매우 환영하는 마음이 들었다. 제주에서 자녀들에게 창의적인 교육을 몸소 실현하고 있는 그가, 아이들 교육 때문에 골머리를 앓고 있는 요즘 세대의 부모들에게 뭔가 다른 조언을 해줄 수 있으리라 생각했기 때문이다.

볼드저널 14호 '대안 교육' 편에 수록된 소년 화가 전이수의 부모님 인터뷰 중에 이런 내용이 나온다.

"도토리 씨앗 안에 이미 커다란 도토리나무가 있는 것처럼, 한 명의 아이 안에는 이미 한 명의 완성된 인간이 들어 있어요. 부모는 그 싹을 틔울 수 있도록 아주 기초적인 것을 알려주는 역할로 충분하고, 또 그게 중요하다고 생각해요."

이는 '부모는 가르치는 사람이 아닌, 협력자(Collaborator)가 되어야 한다'라는 저자의 메시지와 일맥상통한다. 교육의 본질을 꿰뚫어 보며, 본말이 전도되지 않도록 하는 용의주도함을 가진 개발자 아빠의 조언을 이 세대의 부모들이 귀 기울여 들었으면 좋겠다.

㈜리얼워크 정강욱 대표

내가 아는 저자는 뛰어난 프로그래머이자 아이들을 정말 아끼고 사랑하는 아빠다. 그런 저자가 '아이들을 위한 소프트웨어 교육'에 대해 책을 썼다는 소식을 들으니, 어떤 신기한 방법으로 아이들에게 코딩을 알려주는지 책의 내용이 매우 궁금했다. 그런데 책장을 넘기면서 나는 더 깊은 질문들과 마주하게 된다.

"자녀 교육의 목적은 무엇일까? 그래서 무엇을 배우게 해야 할 것인가? 잘 배우게 돕는다는 것은 무엇을 말하는 걸까?"

이 질문에 대한 저자의 굳은 철학과 생생한 사례가 이 책에 한가득 담겨있다. 결론을 말하자면, 이 책 정말 좋다. 재미난 사례가 많아 책장이 술술 넘어가서 좋고, 한국을 넘어 세계의 코딩 이야기를 볼 수 있어서 좋고, 코딩 기술 이전에 생각하는 기술을 말해주니 좋고, 무엇보다 아빠의 사랑이 가득 느껴져서 참 좋다.

누군가에게 뭔가 가르치는 일은 쉬운 일이 아니라고 생각합니다. 더욱이 내 자식을 가르치는 일은 욕심과 조급함이 섞여 마음대로 되지 않는 것 같습니다. 그런데 책을 읽으면서 저자에게서는 욕심이나 조급함이 하나도 보이지 않았습니다. 이미 개발자로서 오랜 기간을 일해온 저자는 프로그래밍 공부 방법이 아닌, 아이들의 창의력과 상상력을 키워 줄 방법을 말해줍니다.

부모의 조급함은 아이를 주눅 들게 하고 불안하게 만듭니다. 물론 아이를 가진 부모의 마음을 모르는 것은 아닙니다. 다른 아이보다 뒤처질까 봐, 나보다는 더 잘 살았으면 좋겠기에, 내 아이에게 좋은 것만 주고 싶은 마음에 하는 행동이 오히려 아이에게는 조급함을 줄 수 있습니다.

아이를 가르치는 방법엔 정답이 없다고 생각하지만, 저자는 정답에 가까운 방법으로 아이를 가르치고 바라보고 있다고 생각합니다. 이 책은 정답이 없는 이 문제를, 자신만의 정답을 찾은 저자가 길을 헤매고 있는 부모에게 주는 나침반과 같은 책입니다.

– 오상욱

왜들 그렇게 코딩 공부를 하라는 건지. 이 책을 읽다 보면 많은 사람이 코딩을 공부해야 한다고 하는 말의 의미를 이해할 수 있습니다. 거센 코딩 열풍 속, 이제는 코딩이 정규 교육과정에도 포함되었습니다. 이로 인하여 걱정이 많은 부모 그리고 이제막 코딩 공부를 시작하는 사람들에게 도움이 될 만한 책입니다. 22년 차 개발자인저자는 아이들에게 코딩을 가르치기에 앞서 아이의 무한한 가능성에 주목합니다.저자는 22년간의 경험을 바탕으로 코딩 열풍의 본질을 바라보고 있는 것 같습니다.누군가는 미래를 대비하기 위해, 누군가는 연일 쏟아지는 개발자의 억대 연봉 기사에 혹해, 누군가는 남들 다 하니까 불안한 마음에 코딩 공부를 시작합니다. 하지만그들 중 대부분이 코딩이라는 퍼즐 조각의 일부만을 맛보고 지쳐 포기합니다. 결국,포기를 막기 위해선 저자가 말한 것처럼 코딩이라는 기술을 넘어, '어떤 가치를 만들어 내는가'가 중요한 것 같습니다. 이 책에서 소개하는, 코딩 이전에 우리가 만들어야 할 퍼즐의 전체 그림을 명확히 볼 수 있어 참 좋았습니다.

– 김경수

목차

서문

이 이야기는 20년이 넘는 시간 동안 IT 분야에 종사하고 있는 아빠의 소프트웨어 교육 철학을 담은 메시지입니다. 오랫동안 IT 분야에서 일하면서 수많은 비즈니스 전문가, 소프트웨어 엔지니어를 만나면서, 누구에게나 인정받고 있고, 최고라는 수식어를 가진 사람들에겐 공통된 특징이 있다는 것을 알게 되었습니다.

그들은 항상 자유롭게 사고하며, 창조적이며, 도전을 두려워하지 않았습니다.

정확히는 도전이라는 과정을 즐길 줄 아는 사람들이었습니다. 그리고 그들과 얘기를 나누면서 느낀 공통된 특징 중 하나는 그들 모두가 가족을 매우 사랑하고, 특히 부모를 매우 사랑하고 존경하며 자랑스러워한다는 것입니다. 그들의 부모가 뭔가 대단한 직업을 가지고 있거나 어떤 큰 업적을 이루었거나, 혹은 부자여서가 아니었습니다. 부모가 아이를 사랑하며 생활 속에서 아이를 키운 방식, 아이에게 해준 말, 그리고 아이와 함께한 시간이 그들이 부모를 존경하는 이유였습니다.

아이의 성장에, 아이의 인생에 가장 큰 영감을 주는 것은 부모일 것입니다.

소프트웨어는 가장 빠르게 많은 사람에게 영향을 줄 수 있는 기술입니다. 때문에 잘못된 마음으로 소프트웨어를 사용하게 되면, 그만큼 많은 사람에게 안 좋은 영향을 줄 수 있다는 말이기도 합니다. 그래서 저는 소프트웨어 교육은 인성교육과 같이 이루어져야 한다고 생각합니다. 아니, 반드시 그렇게 해야 합니다.

기술은 도구일 뿐입니다. 도구는 제대로 된 곳에 사용해야 합니다. 아이들이 올바른 마음으로 주변을 바라볼 줄 알고 선한 마음을 품을 수 있다면, 그래서 제대로 된 곳에 기술을 사용할 수 있다면 모든 사람이 사람답게 사는 세상을 만들 수 있습니다. 4차 산업혁명, 개발자 초봉 6천만 원, 최근 대한민국을 보면 그야말로 코딩 교육 열풍입니다. 그렇다 보니, 오랫동안 IT 분야에서 일을 해온 제게도 아이에게 어떻게 코딩을 교육하는지 물어보는 사람이 많습니다.

그럴 때마다 "저는 아직 아이들에게 코딩을 가르치지 않습니다"라고 대답합니다.

너도나도 코딩을 배우려고 하고, 인공지능 같은 IT 기술을 배우지 않으면 아무것도 할 수 없을 거라는 사회적인 분위기에 맞물려 부모 역시 너무 어린 나이의 아이들에게 코딩 교육을 하는 것을 보면서 안타까움을 감출 수 없었습니다. 이 글은 20년 넘게 IT 전문가로 사는 '개발자 아빠가 들려주는 우리 아이 소프트웨어 교육'에 대한 이야기입니다. 과연 개발자 아빠는 아이들에게 코딩교육을 하고 있을까요? 한다면 어떻게 하고 있을까요? 개발자 아빠가 생각하는 올바른 소프트웨어 교육은 어떤 것일까요?

저는 아직
아이들에게
코딩을 가르치지
않습니다

우리 가족은 퍼즐 맞추기를 자주 합니다. 본격적으로 퍼즐을 맞추기 전에 우리는 우리가 맞춰야 할 퍼즐의 전체 그림을 꼼꼼히 살피는 단계를 꼭 거칩니다. 이 그림을 그린 사람은 누구인지, 그림을 보면서 느껴지는 감정은 무엇인지, 어떤 색상이 마음에 드는지, 마음에 드는 부분은 어딘지 등 오랜 시간 동안 아이들과 이야기를 나눕니다. 우리 가족에겐 퍼즐을 모두 맞추는 것이 중요하지 않습니다. 그것보다 그림을 통해서 우리가 알게 된 것들, 서로 얘기하면서 공유되는 감정들이 더욱 중요하고 소중합니다.

퍼즐의 전체 그림을 꼼꼼하게 살핀 후 본격적으로 퍼즐을 맞추기 시작하면, 아이들은 그림에서 마음에 드는 부분을 각자 선택해서 그

부분의 퍼즐을 찾아 맞춰 갑니다.

이미 퍼즐 조각을 맞추기 전에 전체 그림을 자세히 보는 시간을 가졌기 때문에, 아이들은 자신이 맞춰야 할 퍼즐의 전체 그림에 대한 깊은 감정뿐만 아니라 시각화된 퍼즐 조각을 기억하고 있습니다. 덕분에 아이들은 퍼즐을 보다 쉽게 맞출 수 있습니다.

어떤 아이는 사람부터, 어떤 아이는 자연(배경)부터 그리고 또 어떤 아이는 테두리부터, 어떤 아이는 조각이 발견되는 순서대로 퍼즐 조각을 맞춥니다. 그런데 만약 퍼즐을 맞춰 본 적이 있는 부모라면, 퍼즐을 빨리 맞출 수 있는 방법에 대해 이미 알고 있을 겁니다. 바로 퍼즐의 테두리부터 맞추는 것이죠. 퍼즐의 가장자리는 한 면 혹은 두 면이 직선으로 되어 있기 때문에, 흩어져 있는 퍼즐 조각 내에서 가장 빨리 찾을 수 있는 조각이기 때문입니다. 그래서 그 사실을 알고 있는 부모는 아이들과 함께 퍼즐을 맞출 때면, 아이들에게 테두리 조각부터 찾고 퍼즐을 맞추라고 가르쳐 주는 경우가 많습니다.

하지만 퍼즐을 빠르게 맞추는 것보다 퍼즐의 전체 그림을 이해하고, 퍼즐 조각을 하나씩 기억하면서 가족과 퍼즐을 맞추는 그 시간이 정말 중요합니다. 왜냐하면 아이들에게는 퍼즐을 맞추는 모든 과정이 즐거운 놀이이자 교육이며, 퍼즐을 빠르게 맞추기보다 퍼즐을 하나의 그림으로 완성시키는 것이 훨씬 의미 있는 일이기 때문입니다.

마찬가지로 소프트웨어는 결국 인간을 위해 존재하는 하나의 기술일 뿐입니다. 때문에 그 기술을 통해 누군가에게 도움을 주고 귀한 가치를 제공할 수 있는 '무엇'을 만들 것인지가 더 중요합니다.

소프트웨어 교육은 마치 우리가 퍼즐 조각을 맞추는 것처럼, 우리가 만들어야 할 전체 그림이 무엇인지, 그 그림이 얼마나 아름다운 그림인지를 먼저 생각하고, 그 그림을 맞추는 데 필요한 적절한 조각(기술)을 배우는 것입니다. 그래서 기술(코딩)에 앞서서 어떤 것을 만들지부터 배워야 합니다.

하지만 지금의 소프트웨어 교육은 마치 퍼즐 조각 각각을 가르치는 형태와 같습니다. 다양한 프로그래밍 언어, 데이터 베이스, 클라이언트, 서버 등 다양한 기술에 대한 교육이 많이 이루어지고 있지만, 교육과정을 다 마쳐도 전체의 그림을 이해하지 못하는 경우가 많습니다. 마치 각각의 퍼즐 조각은 어떤 모양인지, 어떤 색인지는 알고 있지만, 전체 퍼즐의 모양이나 퍼즐을 맞춰야 하는 방법에 대해서는 전혀 모르는 모습과 같은 거죠. 그 이유는 안타깝게도 맞춰야 할 퍼즐의 전체 그림을 그 누구도 보여준 적이 없기 때문입니다. 마찬가지로 소프트웨어 분야를 공부하고 있는 청년들을 만나 보면 기술은 공부했지만, 정작 배운 기술을 어떻게 적용하고 본인이 생각하는 서비스를 어떻게 구체화하는지, 알고 있는 프로그래밍 언어를 어떻게 활용해야 하는지를 대부분이 모르고 있었습니다.

결국 기술은 사람을 위해 존재합니다. 우리가 배우고 있는 프로그래밍 역시 사용자에게 서비스 될 애플리케이션을 만들기 위한 수단에 불과합니다.

우리는 무작정 기술을 배우기보다 무엇을 만들고, 누구에게 어떤 가치를 제공할 것인지 먼저 이해하는 것이 훨씬 중요합니다. 그리고 그것을 실행하기 위해서는 소프트웨어를 사용하는 사람이 무엇보다 올바른 가치관을 가지고 있는 것이 정말 중요합니다.

그래서 우리 아이들이 올바른 가치관을 가질 수 있도록, 소프트웨어 교육은 반드시 인성 교육과 함께 진행되어야 합니다.

Part 1

불편한 것을
당연하게
여기지 않는
아이

불편한 것을 당연하게 여기지 않는다는 것은 무슨 의미일까요?

우리가 지금 사용하는 모든 제품은 누군가에 의해서 발명되었고, 그로 인해 우리는 많은 편의를 누리게 되었습니다. 세상의 모든 발명은 누군가의 불편함을 해결하려고 만들어진 것입니다. 자신뿐만 아니라 이웃이나 다른 사람의 불편까지 그냥 지나치지 않는다면, 우리 아이들은 좀 더 많은 것을 보고, 많은 것을 해결하기 위해 도전할 것입니다.

아이들에게 이런 자세를 심어주기 위해서는 지금 내가 불편하지 않더라도, 누군가는 불편을 겪을 수 있는 것들을 그냥 지나치지 않고 발견할 수 있어야 합니다.

불편한 것을 당연하게 여기지 않는 아이로 키우려면 우리는 어떻게 해야 할까요?

"이거는 뭐가 불편한 거 같아?"

"이 기계는 뭐가 불편한 거 같아?"

"이 자동차는 뭐가 불편한 거 같아?"

"이 곳은 뭐가 불편한 거 같아?"

이렇게 무턱대고 아이들에게 뭐가 불편한지 자꾸 물어보면 될까요? 아이들에게 자꾸 어떤 게 불편한 거 같아? 라고 물어보면, "불편한 것을 당연하게 여기지 않는 아이"가 될 수 있을까요?

절대 아닙니다. 오히려 "불편하다"는 말을 자주 하면, 항상 불평과 불만이 가득한 아이로 자랄 수 있습니다. 이건 필자가 초반에 했던 실수이기도 합니다. 그래서 필자는 "불편하다"는 단어 대신,

"이런 게 있으면 더 좋을 것 같아"

"이러면 더 편리할 것 같아."

"이렇게 바꾸면, 이런 게 가능해지면, 이런 사람들한테 너무 좋을 것 같아."

라고 말하기 시작했습니다.

"좋을 것 같아.", "더 편리할 것 같아.", "이런 사람들한테 너무 좋을 것 같아."

더 좋아지고, 편리해지고, 그것이 누군가에게 도움이 된다는 것을 아이들이 인식하는 것은 매우 중요합니다.

단순히 불편함을 해결한다는 생각과 누군가에게 혹은 내가 속한 사회에 도움이 된다는 생각은 매우 다릅니다. 부정의 단어를 많이 쓰면 아이들은 부정적인 영향을, 긍정의 단어를 많이 쓰면 긍정의 영향을 더 많이 받는 아이로 키울 수 있습니다.

우리 아이가 더 편리한 것, 누군가에게 필요하고 도움이 되는 것을 만드는 아이로 성장하려면, 아이들 스스로가 사소한 것에도 많은 관심을 가지며 그 문제를 정확히 인식하는 자세를 가져야 합니다.

그렇다면, "은솔아 저것 좀 봐 봐. 어떤 걸 더하면 여기서 더 좋아질 것 같아?" 라고 아이에게 물어보면 될까요? 우리는 아이의 사고를 이끌어 내려고 아이가 먼저 말할 수 있도록 유도할 때가 많습니다. 하지만, 아이에게 먼저 물어보기보다, 부모가 먼저 대답해 보는 건 어떨까요?

"은솔아, 아빠는 이런 게 추가되면 이런 사람들한테 정말 좋을 것 같아."

필자는 스타트업을 운영하는 회사의 대표이기도 해서, 항상 새로 나온 기술이나 새로 나온 제품에 관심이 많고, 의도적으로 이런 제품들을 자주 찾아봅니다. 그러다 보니, 다른 사람들보다 이런 정보를 더 빨리 접하고 최대한 활용하는 편입니다.

당연하게 써 온 것들을 더 좋게

한 번은 아이들과 거리를 걷다, 휴식을 취하기 위해 벤치에 앉았습니다. 그런데 오전에 비가 온 탓에 벤치가 젖어 있었습니다. 필자는 아이들의 창의력을 끌어내고 싶은 마음에, 말을 시작했습니다.

"애들아, 우리 화장실 가면 볼일 보고 나서 손 씻고 물기를 닦잖아. 그런데 어떤 화장실은 화장지 말고 수건 같은 천을 당기면 천이 돌아가면서 젖지 않은 부분이 나오는 게 있잖아. 아빠는 그것처럼 벤치에도 손잡이가 있어서 손잡이를 돌리면 비가 와서 벤치의 젖은 부분이 밑으로 가고 비에 젖지 않은 부분이 위로 올라올 수 있으면 좋을 것 같아. 그러면 비가 온 후에도 젖지 않은 벤치에 앉을 수 있잖아"

이렇게 말하고 나니, 아이들이 "오, 아빠!"라고 말하면서 눈빛을 반짝거립니다.

사실 아이들에게 말한 아이디어는 이미 있는 제품입니다. 이미 이 제품을 알고 있었기 때문에, 아이들의 상상력을 자극하기 위해 다른 사람의 아이디어를 마치 필자가 바로 생각한 것처럼 얘기를 한 것입니다. 물론 항상 누군가가 이미 낸 아이디어만 활용하는 것은 아닙니다. 하지만 이런 정보를 알고 있으면, 아이들의 관심과 상상력을 자극시키기가 훨씬 쉽습니다. 그래서 필자는 시간이 날 때마다 좋은 아이디어 상품을 찾아, 따로 기록해 두고 있습니다.

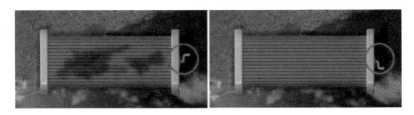

Turn the handle on the side of the bench
and the seat will rotate to expose the dry side of the seat,
and you will be able to sit without getting wet.

　필자가 먼저 아이들에게 비가 와도 젖지 않는 벤치 아이디어를 말
하고 나니, 아이들도 각자 자신의 아이디어를 말하기 시작합니다.

　첫째 은혁이가 말합니다.

　"드라이기처럼, 따뜻한 바람이 올라와서 비에 젖은 벤치가 금방
마르는 건 어때? 이렇게 하면 겨울에도 따뜻한 벤치에 앉을 수 있어
서 더 좋을 것 같아."

　물론 모든 벤치에 이런 온열 기능을 넣으려면 막대한 비용이 필요

하기 때문에 현실적으로 불가능할 수 있습니다. 하지만 아이들의 아이디어가 실현 가능하고 불가능한 것은 당장 중요하지 않습니다. 아이들이 상상력을 키우고 창의력을 발휘할 수 있는 것이 더 중요합니다. 그리고 한가지 더 중요한 것은, 한 번 더 생각을 확장하여, 아이들의 상상력을 자극시켜 주는 것입니다. 처음 시작을 비에 젖은 벤치로 시작했기 때문에, 아이들은 어떻게 하면 비에 젖지 않은 벤치에 앉을 수 있을지만을 생각하게 되기 때문입니다.

아빠 "근데 벤치 옆에 작은 쓰레기통도 하나 있으면 좋을 것 같아. 우리도 벤치에 앉아서 아이스크림 자주 먹잖아. 그래서 아이스크림을 먹고 나면 손 닦은 화장지를 바로 버릴 수 있게 작은 쓰레기통이 있으면 좋을 것 같아."

시작은 비에 젖은 벤치이지만, 여기서 아이들이 상상할 수 있는 모든 좋은 것을 다 쏟아 내 볼 수 있게 주제를 확장시켜 주는 것이 매우 중요합니다.

은혁 "아빠, 근데 난 아이스크림을 안 흘리고 먹어서 화장지로 닦을 필요가 없어. 그래서 난 쓰레기통은 필요 없어. 쓰레기통이 있으면 괜히 담배같이 지저분한 게 벤치 주변에 있어서 오히려 벤치에 앉기 싫을 것 같아."

은서 "그건 오빠 생각이고, 은솔이는 맨날 흘리잖아."

아빠 "그래, 은혁이 생각도 맞는 것 같아. 아빠는 그 생각은 못 했는데, 은혁이 말처럼 벤치 옆에 쓰레기통이 있어서 냄새 나고, 지저분한 것들이 있으면 아빠도 벤치에 앉기 싫어질 것 같아. 근데 은혁이는 쓰레기통이 필요 없지만, 은서 말처럼 은솔이는 아직 어려서 쓰레기통이 있으면 좋을 것 같은데. 그럼 쓰레기를 버릴 수 있으면서도 벤치가 항상 깨끗하려면 어떻게 해야 좋을까?"

이때 둘째 은서가 정말 기발한 아이디어를 내놓았습니다.

"아빠, 오빠 말처럼 쓰레기통이 있으면 쓰레기를 결국 버리게 되고, 난 그러면 벤치에 앉기 싫어질 것 같아. 그럼 쓰레기통 말고 벤치 옆에 물이 나오는 수도꼭지가 있는 건 어때? 수도꼭지에서 손을 씻으면 되잖아. 그러면 화장지를 쓸 필요도 없고, 쓰레기도 안 생기고 좋을 것 같은데."

필자는 사실 이렇게까지 생각하지 못했는데, 역시 아이들의 상상력은 대단합니다. 필자가 미처 생각하지 못한 아이디어가 아이들 입에서 나와, 놀랄 때가 많습니다. 이런 아이디어들을 듣고 나니, 좀 더 욕심이 났습니다. 아이들 입에서 나왔으면 좋겠다고 생각한 이야기가 있었고, 아이들 입에서 이 얘기가 나오지 않아서 결국 필자가 살

며시 꺼냈습니다.

"벤치 옆에 있는 수도꼭지에서 물이 나오면 너무 좋지만, 혹시 물을 막 써서 낭비가 생기지는 않을까? 그럼, 이건 어때? 물이 나오는 밑에 배수로 같은 게 있어서 우리가 쓴 물이 배수로를 따라 흘러서 벤치 앞에 있는 나무한테 가는 거야. 그러면 물도 아끼고 나무들에게도 좋을 것 같아."

자원을 아끼고 환경을 보호하는 것은 매우 중요하기 때문에, 아이들도 환경을 생각해 볼 수 있도록 이야기했습니다. 이렇게 한 번 이야기하고 나니, 이후부터는 아이들이 다른 주제에서도 환경에 대한 이야기를 먼저 하며 함께 고민했습니다.

사실 우리 주변에는 내가 불편하지 않기 때문에 모르고 지나쳤거나, 원래 그랬다는 이유로 불편한 것을 당연하게 받아들이는 일이 많습니다. 필자는 아이들이 이런 것들을 당연하게 받아들이거나 그냥 지나치지 않고, 주변 사람과 환경을 생각할 수 있도록 아이들과 끊임없이 대화하며 관심을 가집니다.

나 아닌 누군가에게 도움이 되는 것들

Blink To Speak(눈으로 말하는 언어)

우연히 알게된 사회 공헌 프로그램 중에 Blink To Speak(https://www.blinktospeak.com)라는 프로그램이 있습니다.

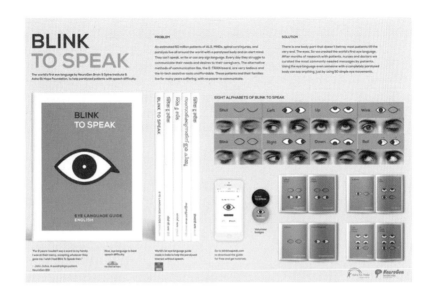

　Blink To Speak는 언어 장애가 있는 마비 환자들을 돕기 위해 만든 세계 최초의 간단한 의사소통 방법(언어)입니다. 마비 때문에 말을 할 수 없거나 몸을 움직일 수 없는 환자들이 눈의 움직임과 깜박임을 통해 간단한 의사를 전달할 수 있는 방법입니다. 예를 들어 두 눈을 동시에 한 번 깜박이면 Yes, 두 눈을 동시에 두 번 깜박이면 No. 이런 식으로 규칙을 정해서 소통할 수 있습니다.

　필자는 이런 어려움이 없기 때문에 Blink To Speak와 같은 프로그램이 필요하다고 여긴 적이 없었습니다. 생각해 보니 저 역시 그동안 내가 불편하지 않다는 이유로 많은 것을 당연하게만 여겨 왔던 것 같아, 생각이 많아졌습니다.

　현재 Blink To Speak는 가이드북이 총 14가지 언어로 제공되고 있습니다. English, Marathi, Hindi, Telugu, Tamil, Kannada, bengali, Turkish, Spanish, Russian, German, Arabic, French. 하지만 안타깝게도 아직 한국어 가이드북은 제공되지 않습니다. 그래서 필자는 아이들에게 Blink To Speak를 알려 주고, 우리는 필요하지 않지만 필요한 사람이 있을 수 있으니 우리가 한 번 한국어로 만들어 보자고 제안했습니다.

물론 아이들과 Blink To Speak의 한국어 버전을 만들고, 그 버전이 Blink To Speak 공식 사이트에 추가된다거나 우리나라 의료 시설에서 사용되면 좋을 거라 생각합니다. 하지만 그런 거창한 목표보다는 아이들에게 Blink To Speak 프로그램이 필요한 사람이 있다는 사실과 그 사람들을 위해 우리가 할 수 있는 일을 직접 시도해 보는 경험을 제공하는 것이 훨씬 중요하다고 생각합니다.

아이들과 함께 Blink To Speak의 영어 버전을 다운로드받고, 가이드에 있는 모든 의사 표현에 대한 한글 버전을 만들기 시작했습니다. 환자들이 가장 많이 사용하는 의사 표현 외에, 영어 버전의 경우 알파벳 각 문자를 표현하는 규칙도 따로 있었습니다. 하지만 영어 알파벳 각 문자에 대한 정해진 규칙은 환자가 외우기도 힘들고, 환자가 외운다고 해도 의료진이 알아보기가 어려울 것 같았습니다.

처음 아이들에게 Blink To Speak의 한글 버전을 같이 만들자고 했을 때, 아이들은 몸도 움직일 수 없고, 손도 움직일 수 없고, 말도 할 수 없는 그런 환자가 세상에 있는지 한 번도 생각해 보지 못했다

1 Blink

Yes

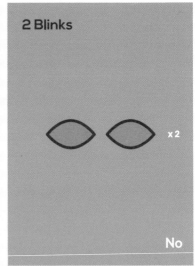

2 Blinks

x 2

No

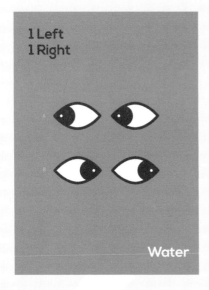

1 Left
1 Right

Water

1 Up

Toilet

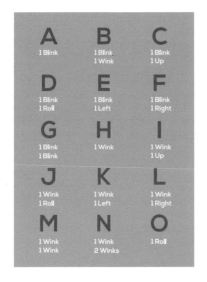

는 반응을 보였습니다. 그래서 우리는 같이 Blink To Speak 웹 사이트에서 제공해 주는 동영상을 같이 시청했습니다. 동영상을 시청하고 난 후에야 아이들은 지금 우리가 하려는 것이 어떤 것인지 정확하게 이해했고, 우리가 잘 만들어서 Blink To Speak로 한글 버전을 보내는 것은 물론이고, 우리나라 병원으로도 직접 보내 보자고 아이들이 더 적극적으로 나서기 시작했습니다. 얼마나 많은 사람이 어떤 혜택을 받을 수 있는지를 제대로 알고 만드는 것은, 아이들에게 너무나도 중요한 동기가 되고 열정의 씨앗이 됩니다.

우리는 당연히 한글 자음과 모음을 어떻게 표현하면 좋을지 생각해 보았습니다. 일단 한글의 경우 쌍자음과 이중 모음을 포함하는 경우는 총 40개(자음 19개, 모음 21개)이고, 쌍자음과 이중 모음을 포함하지 않는 경우는 24개(자음 14개, 모음 10개)였습니다. 우리는 쌍자음과 이중 모음을 일단 제외하고 만들어 보기로 했습니다. 사실 한글은 특별한 규칙을 만들기보다 자음과 모음의 생긴 모양을 바로 활용할 수 있었 습니다.

"아빠, 한글 너무 좋다. 그냥 모양 그대로 눈을 오른쪽, 왼쪽, 위, 아 래로 움직이면 될 것 같아."

영어의 경우, 문자 A는 눈을 한 번 깜박이고 문자 B는 눈을 한 번 깜박이고 윙크도 한 번 해야 하는 등 문자 모양과는 상관없이 규칙 을 무조건 외워야 사용할 수 있었습니다. 하지만 한글의 경우, 문자 모양 그대로 눈을 움직여도 의사 전달이 된다는 사실이 너무 신기했 습니다. 그리고 한글은 반드시 자음이 먼저 오고 그다음 모음이 오기 때문에 눈을 이용해서 영어보다 훨씬 쉽게 의사 표현이 가능하다는 것을 깨닫게 된 아주 소중한 시간이었습니다.

여기서 우리는 아주 간단한 규칙 하나를 추가했습니다. 자음을 눈 으로 표현한 뒤, 자음 표현이 완료되면 눈을 한 번 깜박여서 자음을 다 썼다는 신호를 하고, 그다음 모음을 눈으로 표현하고 모음 표현도 완료되면 눈을 다시 한 번 깜박여서 한글 문자 하나를 완료하는 것으 로 규칙을 정했습니다.

예를 들어, '가'를 표현한다면 눈을 왼쪽에서 오른쪽으로 이동하 고 아래로 내린 후 눈을 한 번 깜박입니다. 이렇게 하면 'ㄱ'을 의미

하고, 그다음 눈을 그냥 오른쪽으로 이동한 후 1~2초 간 있다가 눈을 깜박입니다. 그러면 'ㅏ'를 의미하는 것입니다. 처음에는 'ㅏ' 모음 역시 눈을 위에서 내렸다가 오른쪽으로 이동하는, 생긴 모양 그대로를 표현할까 했습니다. 그런데 생각해 보니 한글 모음 중에 오른쪽으로 모양을 낼 수 있는 것은 'ㅏ'밖에 없습니다. 그래서 오른쪽으로 한 번만 눈을 이동해서 'ㅏ'를 표현하기로 했습니다.

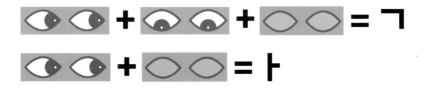

그런데 ㄱ, ㄴ, ㄷ, ㄹ까지는 눈의 움직임 그대로 알아볼 수 있어서 쉬웠지만, ㅁ, ㅂ, ㅅ, ㅈ, ㅎ 등 단순히 눈의 움직임만으로 표현하기 쉽지 않은 자음들과 쌍자음들이 있어서 이런 문자를 어떻게 표현하는 것이 좋을지에 대해서는, 아이들과 오랜 시간 이야기를 나누고 아이디어를 정리해야 했습니다.

아이들은 자음, 쌍자음, 모음을 어떻게 하면 쉽게 표현할 수 있을지 종이에도 적어 보고, 직접 눈으로 표현하는 것을 반복하면서 규칙을 정리하기 시작했습니다.

→ 눈을 오른쪽으로 이동

← 눈을 왼쪽으로 이동

↑ 눈을 위로 이동

↓ 눈을 아래로 이동

• 눈을 한 번 깜박거림(1초 간, 짧게)

● 눈을 한 번 깜박거림(2초 간, 길게)

• 자음, 모음이 끝날 때는 눈을 한 번 깜박거림

이렇게 우리는 이미 Blink To Speak에 나와 있는 간단한 의사 표현에 대한 한글 번역과 한글 자음, 모음에 대한 규칙을 모두 만들었습니다. 아이들은 정말 재밌어했고, 무엇보다 아이들은 자신이 만든 것이 마비 환자들에게 도움이 될 거라는 생각에 매우 흥분했고 기대에 찬 눈빛으로 기뻐했습니다.

더 나아가 우리는 서로 돌아가면서 한 명씩 우리가 만든 규칙을 적용해서 글자를 표현해 보고, 표현하는 글자가 무엇인지 맞히는 게임을 했습니다. 게임을 해 보니, 환자가 눈으로 의사 표현을 할 때는 환자 기준으로 오른쪽과 왼쪽으로 표현하면 되지만, 환자의 표현을 보는 의료진의 경우는 눈의 움직임이 정반대로 보이기 때문에 알아보는 것이 쉽지 않다는 것을 알게 되었습니다. 물론 익숙해지면 알아볼 수 있겠지만 상당한 노력이 필요해 보였습니다.

그래서 아이들의 열정을 다시 돋구고자, 필자가 최근에 인상 깊게 본 프로젝트 영상을 아이들에게 보여 줬습니다. 인공 지능을 이용해

ㄱ	→	↓	·		ㄲ	ㄱ	·
ㄴ	↓	→	·				
ㄷ	→	↓	→	·	ㄸ	ㄷ	·
ㄹ	→	←	→	·			
ㅁ	●	·					
ㅂ	↑	●	·		ㅃ	ㅂ	·
ㅅ	윙크	·			ㅆ	ㅅ	·
ㅇ	G	·					
ㅈ	→	윙크	·		ㅉ	ㅈ	·
ㅊ	↑	윙크	·				
ㅋ	→	→	↓	·			
ㅌ	→	→	→	·			
ㅍ	→	●	·				
ㅎ	↑	G	·				

ㅏ	→	·		ㅐ
ㅑ	→	·	·	ㅒ
ㅓ	←	·		ㅔ
ㅕ	←	·	·	ㅖ
ㅗ	↑	·		ㅚ
ㅛ	↑	·	·	ㅙ
ㅜ	↓	·		ㅝ
ㅠ	↓	·	·	ㅟ
ㅡ	→←	·		ㅢ
ㅣ	↓ ↑	·		ㅖ

서 수화를 텍스트로 변환해주는 프로젝트 영상인데, 언어 장애를 가지고 있는 사람들이 사용하는 수화를 소프트웨어 기술을 활용하여 일반인도 알아들을 수 있도록 문자로 변환하는 기술을 설명하는 영상이었습니다. 우리나라의 언어/청각 장애인 수는 2020년 기준으로 약 418,000명입니다.

아이들에게 관련 영상을 몇 가지 보여 주고, 소프트웨어 기술을 활용해서 수화를 문자로 바꾼다면 수화를 모르는 일반인과도 소통이 가능하기 때문에 40만 명이 넘는 사람에게 도움을 줄 수 있다고 설명해 줬습니다. 아이들에게 지금 당장은 아니지만 우리도 수화 번역 소프트웨어처럼, 마비 환자들을 위해 Blink To Speak를 바로 해석할 수 있는 소프트웨어를 꼭 만들자고 했습니다.

이렇게, 아이들에게 코딩을 배워야 할 이유를 하나 만들어 줬습니다.

Be My Eyes

'Be My Eyes'는 시각 장애인을 위한 서비스로 시각 장애인과 전 세계의 정안 봉사자를 연결합니다. 시각 장애인이 앱을 통해 도움 요청을 보내면, 등록된 봉사자 중 도움 알림에 최초로 응답한 봉사자에게 연결됩니다. 그리고 도움을 요청한 시각 장애인의 스마트폰 후면 카메라로 실시간 영상이 봉사자에게 보이면 봉사자는 시각 장애인에게 음성으로 도움을 줍니다. 이렇게 Be My Eyes 앱을 이용해서 시각 장애인들은 언제든지 도움을 받을 수 있습니다.

현재 도움이 필요한 시각 장애인은 약 30만 명 그리고 약 460만 명의 정안 봉사자는 180여 가지의 언어로 도움을 주고 있습니다.

잃어버리거나 떨어뜨린 물건 찾기, 라벨 읽기, 식료품 사기, 유통기한 확인, 대중교통의 도착과 출발 시간 확인하기 등 봉사자는 Be

My Eyes 앱을 통해 시각 장애인이 일상생활에서 겪는 어려움에 도움을 줄 수 있습니다.

필자 역시 Be My Eyes의 정안 봉사자로 가입되어, 가끔 시각 장애인에게 도움 요청을 받고 도움을 주고 있습니다. 필자가 Be My Eyes 앱으로 도움 요청을 받고 도움을 주는 모습을 옆에서 본 아이들은 자연스럽게 이 앱에 관심을 보였습니다. 아이들에게 이 앱이 무엇이고, 어떤 가치 있는 일을 하는지 설명하는 것보다 필자가 직접 앱을 사용하며 사람들에게 도움을 주는 모습을 보여 주었습니다. 덕분에 아이들은 자연스럽게 소프트웨어 기술을 통해 어떤 도움을 줄 수 있는지에 대해 스스로 고민해 보며 깨달아 갔습니다.

아이들에게 Blink To Speak, 수화 번역 프로그램, Be My Eyes 등 도움이 필요한 사람들을 위해 만들어진 의미 있는 서비스들을 의도적으로 자주 보여 줍니다. 그리고 소프트웨어 기술이 이런 걸 가능

하게 하고 앞으로 아빠와 같이 배울 소프트웨어 기술을 통해 많은 사람의 불편을 없애고 조금 더 살기 좋은 세상으로 만들 수 있다는 것을 다양한 사례를 보여 주면서 직접 느끼게 합니다.

"앞으로 아빠와 배울 다양한 소프트웨어 기술은 단지 기술이 아니라 세상을 조금 더 살기 좋게 만드는 선물이야."

아이들에게 소프트웨어 기술을 가르치기에 앞서 나와 내 이웃 그리고 세상을 사랑하는 법을 가르치는 것이 중요합니다. 내가 필요한 것뿐만 아니라, 다른 사람에게 필요한 것은 무엇인지 함께 관심을 가지는 아이가 되어야 합니다.

Part 2

부당한 것을
당연하게
여기지 않는
아이

"어린 가지를 구부리면 나무는 계속 구부러져서 자란다." - A. 포프

우리는 살면서 한 번쯤은 부당함을 경험합니다. 그리고 자신에게 닥친 부당함에 대해서는 소리 높여 맞서 싸울 용기가 있습니다. 하지만 자신이 아닌 다른 사람에게 닥친 부당함에 대해서는 어떤가요? 내가 모르는 사이, 내 옆 사람이 부당함을 경험하기도 하지만 사실 다른 사람에게 닥친 부당함이 항상 공감되는 것은 아닙니다. 그렇기 때문에 우린 옆 사람의 부당함을 발견했을 때 쉽게 외면하기도 하죠. 하지만 적어도 필자의 아이들만큼은 타인이 겪는 부당함을 쉽게 외면하지 않았으면 하는 마음입니다. 그래서 부당함을 당연하게 여기지 않고, 부당함을 인지해서 더 좋은 방향으로 바꾸려고 노력하는 아이로 키우고 싶었습니다.

그런데 아직 어린 아이들에게 부당함을 설명하기란 쉽지 않습니

다. 그리고 어른의 기준으로 보는 부당함과 아이들이 생각하는 부당함엔 차이가 존재합니다. 예를 들어 아이들이 생각하는 부당함은 '친구들만큼 게임 시간을 주지 않는 것', '오빠에게만 사준 스마트폰' 같은 것입니다. 필자와 아이들이 생각하는 부당함엔 차이가 크지만, 그런데도 아이들에게 무엇이 올바르고 무엇이 부당한지 알맞은 기준과 가치관을 형성시켜 주는 것은 매우 중요한 일이라 조심스럽게 다가갔습니다.

아이들과 대화를 해보고 필자는 깊은 고민 끝에, '부당함'을 직접 설명하지 않고 반대로 "평등하다"는 것이 무엇인지 알려 주는 방법을 택했습니다. 필자가 아이들에게 전해 주고 싶은 "평등"에는 "다름의 차이"를 인정하는 것이 포함되어 있습니다.

평등(Equality)과 형평(Equity)

평등(Equality)이란 단어를 찾아보면 항상 비교되어 같이 나오는 단어 중의 하나가 "형평(Equity)"입니다. 형평은 상대적 평등에 좀 더 가깝습니다. 평등이 차별 없는 권리와 의무 또는 자격을 의미한다면, 형평은 상대방을 인정하고 균형을 맞춘 상태를 말합니다. 평등은 모두에게 똑같은 지원과 기회를 제공하는 것, 형평은 단지 지원과 기회를 동일하게 제공하는 것을 넘어 차별화된 지원과 기회를 통해 공정하고 평등한 결과를 이끌어 내는 것을 의미합니다.

둘 중 어떤 것 하나가 정답이라고 할 수는 없습니다. 어떤 곳에는 평등(Equality)이, 어떤 곳에는 형평(Equity)에 해당하는 평등이 적용되어야 합니다. 그리고 필자는 적어도 아이들일 때는 형평(Equity)에 해당하는 평등을 더 많이 경험하게 해 주고 싶었습니다.

횡단보도 신호등은 누구에게나 공평할까?

상황1 막내 은솔이와 횡단보도를 건너고 있었습니다. 아직 우리가 횡단보도를 다 건너기 전에 신호등이 깜박거리기 시작했고, 은솔이는 "아빠, 신호등 꺼지려고 해요. 빨리 가야 해요."라고 말했습니다. 필자는 좀 빠른 걸음으로, 6살 은솔이는 제 손을 꼭 잡고 뛰기 시작했습니다.

"아빠, 신호등이 너무 빨리 꺼지는 것 같아. 내가 횡단보도를 다 지나기도 전에 깜박거려서 무서워."

상황 2 둘째 은서를 등교시키기 위해 차를 타고 은서가 다니는 학교로 가고 있었습니다. 은서는 오늘은 학교에 빨리 가야 하는 날이라고 필자에게 조금만 더 빨리 가 달라고 했습니다. 학교에 다 왔을 때쯤 횡단보도에 초록불이 들어왔고, 초록불이 꺼질 때까지 기다렸습니다.

"아빠, 나 빨리 가야 하는데, 횡단보도 건너는 사람이 한 명도 없는데, 그냥 가면 안 돼? 오늘따라 신호가 너무 길다."

은솔이는 횡단보도 신호등이 너무 빨리 꺼진다고 하고, 은서는 횡단보도 신호등이 너무 길다고 합니다. 똑같은 횡단보도 신호등인데, 누군가에게는 신호가 너무 짧고 누군가에게는 신호가 너무 길게 느껴지는 것입니다.

필자는 횡단보도 초록색 신호등이 몇 초 동안 켜지는지 갑자기 궁금해졌습니다. 물론 건널목의 길이에 따라 신호등이 켜지는 시간은 다르겠지만, 궁금해진 필자는 아이들과 함께 동네의 초록색 신호등 시간을 확인해 보기로 했습니다. 그리고 횡단보도를 건널 때 노인, 6살 은솔이와 같은 미취학 아동, 학생이나 어른들은 각각 시간이 얼마나 걸리는지도 아이들과 함께 조사했습니다.

아이들과 동네 횡단보도 앞에서 핸드폰의 초시계를 켜고, 사람들이 횡단보도를 건널 때마다 얼마나 걸리는지 확인하고 기록해 보았습니다. 초등학교 고학년인 은혁이와 은서는 초록색 신호등이 꺼지기 전에 횡단보도를 건널 수 있었습니다. 하지만 아직 유치원생인 은솔이의 걸음에 맞춰 횡단보도를 건너 보니, 확실히 유치원생 아이의 걸음 속도로는 초록색 신호등이 꺼지기 전에 횡단보도를 건널 수 없었습니다. 할머니, 할아버지 같은 노인들은 횡단보도의 절반도 건너지 않았을 때, 초록색 신호등이 꺼지는 것을 보았습니다.

도로교통공단에 따르면 최근 5년간(2016~2020년) 보행 교통사고 사망자 중에 절반 이상이 65세 이상의 고령자라고 합니다. 일반적으로 횡단보도 보행 시간은 '보행 진입 시간 7초 + 횡단보도 1m당 1초'를 기준으로 산정합니다. 고령자, 어린이, 장애인 등 보행 약자 이동이 많은 구역은 '보행 진입 시간 7초 + 횡단보도 0.8m당 1초'로 좀 더 긴 보행 시간을 제공합니다. 하지만 여전히 보행 약자가 횡단보도를 안전하게 건너기에는 부족한 시간입니다. 그래서 필자와 아이들은 사람들이 초록색 신호등이 꺼지기 전에 무사히 횡단보도를 건너는지 조사했습니다. 그리고 나서, 노인이나 미취학 아동같이 초록색 신호등이 꺼지기 전에 횡단보도를 건너지 못하는 보행 약자들을 위해 어떻게 하면 좋을지 함께 이야기했습니다.

이전에 아이들이 독일에 6개월가량 머무른 적이 있어서, 아이들은 독일식 횡단보도를 가장 먼저 떠올렸습니다. 독일에서는 횡단보도에 신호등 버튼이 따로 있어서 버튼을 누르면 잠시 후 초록색 신호등이 켜지는 구조입니다. 횡단보도가 보행자 중심이라, 신호등이 없는 횡단보도라도 보행자가 횡단보도 앞에 오면 차들은 정지하고 보행자가 안전하게 건널 수 있도록 합니다.

아이들은 우리나라도 초록색 신호등이 켜지는 시간이 정해져 있는 것이 아니라, 독일처럼 횡단보도에 버튼을 만들어서 버튼을 누를 때 초록색 신호등이 켜지면 좋겠다고 했습니다. 그러면 보행자가 없을 때는 차들은 지체 없이 달리고 보행자가 있을 때는 안전하게 정차할 수 있기 때문입니다. 하지만 아무리 독일식 횡단보도 시스템을 도입하더라도 초록색 신호등은 특정 시간이 지나면 신호가 바뀌기 때문에, 여전히 보행 약자가 안전하게 횡단보도를 건너기엔 문제가 있었습니다. 그렇다고 보행 약자를 기준으로 초록색 신호등 시간을 정하게 되면, 초록색 신호가 너무 길어져서 차들이 불편을 겪는 문제가 있었습니다.

아이들은 한참을 고민하다가 독일처럼 횡단보도에 신호등 버튼을 설치하되, 2가지로 만들면 좋을 것 같다고 했습니다. 걸음이 느린 사람들을 위한 신호 버튼 그리고 걸음이 빠른 청소년과 어른을 위한 신호 버튼입니다.

국민청원 함께 참여하기

2017년 8월 19일, 국민청원이 문을 연 이후 지금까지 약 90만 건의 청원이 올라왔고, 약 4억 명의 국민 참여가 이루어졌습니다. 간절함이 담긴 누군가의 호소에 공감하고 '동의' 버튼을 누르며 마음을 나누고, 잘못된 정책을 개선하고 새로운 정책을 제안하며 변화를 이끌어 가는 방식으로 국민 참여가 진행됐습니다.

국민청원은 청원이 등록된 후 30일 동안 20만 명이 동의하면, 정부 및 각 부처 장관, 청와대 관계자가 직접 답변해 주는 국민과 정부의 소통 게시판입니다. 하루 평균 약 850건의 국민청원이 등록되고, 이 중 일부 청원은 SNS 채널로 공유되기도 합니다. 필자는 이렇게 SNS를 통해 혹은 뉴스 기사를 통해 알려진 국민청원 중 아이들과 함께 참여할 만한 국민청원에 대해서는 아이들에게 청원의 내용을 읽어 주고, 아이들과 생각을 공유하는 시간을 가집니다. 그리고 아이들의 생각을 담아 국민청원에 직접 참여합니다.

2018년 6월, 제주도에는 약 500여 명의 예멘 난민이 입국하면서 제주 난민 사태가 발생했습니다. 이슬람 근본주의 성향의 중동 난민을 받아들이면 치안이 크게 악화될 거라는 걱정에 예멘 난민 입국 반대 시위와 함께 국민청원이 올라왔습니다. 특히 예멘 난민 대부분이 성인 남성이라, 필자처럼 제주도에 살고 아이가 있는 부모들의 걱정이 매우 커졌습니다. "제주도 불법 난민 신청 문제에 따른 난민법, 무사증 입국, 난민 신청 허가 및 폐지/개헌 청원합니다."라는 청원이 올라왔고, 약 70만 명이 넘는 사람들의 동의가 이루어졌습니다.

청원 내용을 보면서 많이 고민됐습니다. 사실 무사증 입국을 악용하는 사례도 많았고, 난민들로 인한 사고들도 있었기 때문에 정말 불안했습니다. 하지만 그렇다고 도움이 필요한 사람들을 외면한다면, 더불어 살아가는 가치관을 아이들에게 가르쳐 주는 것은 앞으로

제주도 불법 난민 신청 문제에 따른 난민법, 무사증 입국, 난민신청허가 폐지/개헌 청원합니다.

참여인원 : [714,875명]

카테고리 외교/통일/국방	청원시작 2018-06-13	청원마감 2018-07-13	청원인 naver - ***

청원시작　　　　　청원진행중　　　　　청원종료　　　　　답변완료

는 더욱 어려울 거라 생각이 들었습니다. 사실 아이를 3명이나 키우는 부모 입장에서 무분별하게 난민을 받아들이는 것은 많이 걱정되는 일입니다. 약 420명의 예멘 난민이 받아들여지면서, 예멘 난민들이 그룹지어 다니는 모습이 제주 시내에서 보였고 특히 밤이 되면 더욱 걱정됐던 건 사실입니다. 그래서 아이들에게 불법 난민이 제주도에 들어오는 것에 대해서 어떻게 생각하는지 조심스럽게 물어보았습니다.

겁이 많은 둘째 은서는 길에서 보이는 예멘 난민들을 보면서 무섭다며 난민들을 못 들어오게 했으면 좋겠다고 했습니다. 첫째 은혁이는 "아빠, 독일 같은 나라들도 난민들을 들어오게 하고 많이 도와주잖아. 우리도 당연히 그렇게 해야 하는 거 아니야? 어린아이들도 있고, 전쟁 때문에 위험해서 도망쳐 나온 사람들도 있는데, 난민이 들어와서 위험해 보이면 국가가 위험한 일이 발생하지 않도록 잘 지켜주면 되는 거 아냐."라고 말했습니다.

여러분은 어떻게 생각하나요?

사실 필자는 이번 청원에는 참여하지 않았습니다. 꼭 청원에 참여해서 의사를 밝히기보다 이런 문제를 주제로, 아이들의 생각을 묻고 이야기하는 시간을 갖는 것만으로도 아이들과 필자 모두에게 도움이 됐기 때문입니다.

저는 야직
아이들에게
코딩을 가르치지
않습니다

Part 3

스스로
일어나는
균형 잡힌
아이

> "아이에게 당신의 사고를 주지 말고 사랑을 주라. 그들에게도 고유의 사고가
> 있다. 당신은 그들의 육체의 거처를 제공하는 것이지 영혼의 거처를 제공하는
> 것은 아니다." - 길브래

넘어지지 않으려면 넘어져 봐야 해요

삶을 살아가면서 균형을 잡는 건 굉장히 중요한 일입니다. 얼마
전, 재밌게 봤던 드라마(멜로가 체질)에서도 '균형'의 중요성에 대해 이야
기하는 장면이 있었습니다.

남주: "균형을 잡는 건 중요해. 균형이 무너지면 어떻게 되지?"

여주: "넘어지겠죠."

남주: "넘어지면?"

여주: "……?"

남주: "아파!"

저희 집 둘째 은서는, 굉장히 잘 넘어지는 아이입니다. 길을 가다

가도 어디에 발이 걸려서가 아니라 그냥 넘어지기도 하고, 놀다가도 혼자 자주 넘어지곤 합니다. 아이가 자꾸 넘어져서 걱정을 많이 했는데, 어느 순간부터는 은서가 넘어지는 모습을 보지 못했습니다. 그렇게 넘어진 경험이 많이 쌓인 은서는, 지금은 누구보다도 균형을 잘 잡습니다. 자주 넘어졌던 경험이 아이를 성장하게 한 것입니다. 아이러니하게도 자꾸 넘어지지 않으려면 자주 넘어져 봐야 합니다.

필자의 아내가 많이 하는 말이 있습니다.

"아이들은 추워야 겨울인 걸 알고, 더워야 여름인 걸 안다."

우리 가족은 지금은 제주도에 살지만, 제주에 내려오기 전에는 서울에서 살았습니다. 우리 가족이 서울에 살 때 우리는 한겨울에도 보일러를 별로 틀어 본 적이 없고, 한여름에도 미니 선풍기 하나로 에어컨 없이 무더운 여름을 지냈습니다. 살던 집이 겨울에도 그리 춥지 않고 여름에도 많이 덥지 않은 곳이기도 했지만, 우리는 그냥 그 계절에 잘 적응했습니다. 물론 더우니까 에어컨을 빵빵하게 틀고, 추우니까 보일러를 후끈하게 틀 수도 있었지만 필자의 아내는 그렇게 하지 않았습니다. 대신 아이들이 무더운 여름을 보내면서 여름을 슬기롭게 지내고 추운 겨울을 경험하면서 겨울을 건강하게 보낼 수 있게, 아이들이 직접 그 계절을 느끼고 적응할 수 있도록 도왔습니다.

필자의 아내는 하루에도 몇 번씩 세탁기를 돌립니다. 덕분에 아이들은 어떤 옷을 입든, 어떤 장소에 있든, 그게 진흙탕이든 모래밭이든, 바닷가든 전혀 신경 쓰지 않습니다. 이것은 아이들이 옷 때문에 걱정하지 않고, 언제든 온몸으로 놀이 그 자체를 즐기기를 바라는 아내의 마음 덕분입니다.

"오빠(우리 아내는 필자를 이렇게 부릅니다), 부모가 좀 고생하면 아이들은 정말 행복해."

하루에 몇 번씩 빨래를 하고, 계속해서 청소를 해도 아이들이 환경이나 상황에 개의치 않고 자유롭게 노는 것을 제일 중요하게 여기는 필자의 아내 덕분에 오늘도 아이들과 필자는 자유로운 활동을 시도합니다.

아이들이 직접 경험하고, 자유롭게 활동할 수 있도록 자신의 귀찮음을 감수하는 아내를 보며, 필자는 많은 것을 배웁니다.

저 혼자 할 수 있어요

팅커링 스쿨(Tinkering School)에 대해서 들어 본 적 있나요?

팅커링(Tinkering)이란 아이들이 스스로 주변에 있는 다양한 재료와 도구를 활용해서 물건을 설계하며 만들고 노는 과정에서 발생하는 시행착오를 통해 자연스럽게 배우고, 가능성을 탐색하며 문제를 해결하는 활동을 말합니다.

팅커링 스쿨은 학생들이 스스로 생각하고(Think), 만들면서(Make) 학습하는 프로젝트 기반 융합 수업을 하는 학교입니다. 교사는 무언가를 가르치기보다는 협력자로 학생들이 자율성과 창의성을 기르도록

옆에서 도와주는 역할을 합니다. 미국 샌프란시스코에 있는 브라이트 웍스(Brightworks)라는 대안 학교가 대표적인 팅커링 스쿨입니다.

브라이트 웍스에는 다음과 같은 팅커링 원칙이 있습니다.

- 위험을 감수하고, 실수하고, 실패하라! (Take risks, make mistakes and fail!)

- 협력하고, 친구를 사귀어라! (Collaborate and make friends!)

- 자신보다 큰 것을 지어라! (Build something bigger than yourself!)

- 평소보다 더 노력하라! (Try harder than usual!)

하루는 퇴근해서 집에 왔는데, 이제 막 두 돌이 지난 아이가 가위를 들고 잡지책을 오리는 모습을 보았습니다. 아내는 아이가 가위질하는 모습을 지켜만 보았습니다. 필자는 너무 깜짝 놀라서 "아이한테 그렇게 큰 가위를 주면 어떡해?"라고 아내에게 소리를 질렀습니다. 하지만 아내는 차분하게 말했습니다.

"괜찮아. 지금 이 가위로는 우리가 걱정할 만큼 크게 다치지 않을 거야. 그리고 혹시라도 다치면, 다음부턴 아이 역시 더 조심해서 가위를 사용할 거야."라고 말했습니다.

아이들이 놀이터에서 좀 위험해 보이는 놀이 기구에서 놀 때면 처음엔 혹시 아이들이 다칠까 봐 손을 잡아 주고, 때로는 너무 위험해 보이니까 하지 말라고 말했습니다. 그럴 때면 항상 아이들은 "아빠, 나 혼자서도 할 수 있어. 도와주지 않아도 돼."라고 말하며 스스로 해내는 모습을 보였습니다. 생각해 보면 지금 우리 아이들이 스스로 많은 것을 하려 하고, 항상 도전하는 창의적인 아이가 되는 데에는 아내의 역할이 정말 컸던 것 같습니다.

우리 어른들의 과보호가 때론 아이들의 새로운 경험을 차단하는지도 모르겠습니다. '위험을 감수하고, 실수하고, 실패하라!'는 브라이트 웍스의 팅커링 원칙을 생각해 보면, 아이들 스스로가 다양한 경험을 하며 성장할 수 있는 환경을 만들어 주는 것이 부모의 역할인 것 같습니다.

아내는 아이들이 크게 다치지 않는 범위에서 아이 스스로가 많은 것을 시도할 수 있도록 응원하고, 아이가 넘어졌을 때 스스로 일어날 수 있도록 지켜보며 용기를 줍니다. 생각해 보면 아내는 좋은 부모의 역할을 잘 감당하고 있는 것 같습니다.

앞으로 아이들은 넘어져도 스스로 일어날 수 있는 균형 잡힌 아이, 무엇이 옳고 그른지 스스로가 판단하며 이웃과 더불어 살아가는 아이로 성장해야 합니다. 그리고 그런 아이들에게 소프트웨어는 내 이웃과 세상을 좀 더 밝고 아름답게 만들어 주는 매우 강력한 도구가 될 것입니다.

쓰레기 더미에서 창의성은 자라요

조금은 어질러도 될 것 같은 편안한 분위기, 실수에 너그럽고, 쓰레기를 만들어도 부끄럽지 않은 환경에서 아이들의 창의성은 커집니다.

가끔 자기가 그리는 그림을 남들이 보지 못하도록 감추고, 스스로 만족할 만큼 그림이 완성되어야 보여 주는 아이들이 있습니다. 정확히는 아이들 스스로가 만족하는 그림보다는, 부모와 주변 친구들이 봤을 때 잘 그렸다고 칭찬받을 수 있는 그림이라고 생각될 때만 보여 주는 아이들이 많습니다. 그리고 그런 아이들의 경우 대부분이 자신의 활동에 상당히 조심스러운 편입니다. 아이들이 종이접기를 하거나 장난감을 가지고 놀 때, 옆에서 아이가 만들어 내는 쓰레기를 그때그때 계속 정리하고 청소하는 부모들이 있습니다. 이런 환경 속의 아이들 대부분이 자기가 하는 활동에 스스로 제약을 두고 조심스러운 편입니다. 하지만 아이들 스스로 제약이 생기고 조심스러움이 나타나는 순간, 아이들의 생각을 마음껏 펼칠 수 있는 창의성은 사라지게 됩니다. 그렇기 때문에 부모는 아이들이 놀이가 끝날 때까지 옆에서 지켜보고, 기다릴 줄 알아야 합니다. 사소하더라도 부모의 간섭이 시작되는 순간, 아이의 창의성은 무너집니다. 아이들이 마음껏 저질러도 상관없고, 하찮은 걸 만들어도 부끄럽지 않은 그런 환경을 만드는 것이 중요합니다.

막내 은솔이가 있는 곳은 언제나 난장판입니다. 그림을 하나 그리더라도 다양한 종이, 색연필, 가위, 풀 등 가진 모든 재료를 다 꺼내놓고 시작합니다. 처음에는 "은솔아, 필요한 것만 꺼내서 사용해야

해! 이렇게 다 꺼내 놓으면 지저분하고 나중에 정리하기 힘들어!"라고 자주 말했습니다. 그런데 은솔이가 그리는 그림, 만드는 작품들을 여러 번 지켜보면서 한 가지 사실을 알았습니다. 은솔이는 꺼내 놓은 재료들을 거의 대부분 사용합니다. 은솔이는 미리 무엇을 만들며 놀지 생각하고 필요한 것을 꺼낸 거였는데, 필자는 은솔이의 마음을 헤아리지 않고 단순히 필요 없다고 판단해 버린 것입니다. 그림을 그릴 때는 흰색 종이와 연필 혹은 색연필 몇 개만 사용하면 된다는 생각을 아이에게 주입시키고, '이건 너한테 필요 없어.'라고 말하며 아이가 필요한 것을 부모가 대신 결정하는 잘못을 저지른 것이지요.

그리고 은솔이는 사람을 그릴 때, 머리가 아닌 다리부터 그리고 몸통을 그리고 나서, 제일 마지막에 얼굴을 그립니다. 아마 아이들이

나 우리 어른들은 거의 대부분이 사람을 그린다면 머리부터 시작해서 팔과 몸통, 제일 마지막에 다리를 그릴 것입니다. 사람을 그릴 때 머리부터 그리지 않는다고 해서 그게 잘못일까요? 그리고 그런 아이에게 '사람은 머리부터 그리는 거야.'라고 말하는 것이 정말 정답일까요? 아이들의 마음을 전부 헤아리지 못한 채 아이를 대신해서 찾은 답은, 오답일 때가 많습니다. 아이들의 답을 대신 찾아 주기보다, 아이들이 답을 찾을 수 있도록 기다려 주는 것이 아이들에게 더 많은 도움이 됩니다.

저는 아직
아이들에게
코딩을 가르치지
않습니다

Part 4

세상을
이해하는
아이

> "여행이란 우리가 사는 장소를 바꾸어 주는 것이 아니라, 우리의 생각과
> 편견을 바꾸어 주는 것이다." - 아나톨

개발자란 직업은 참 좋습니다. 필자는 개발자란 직업으로 다양한 도시에서 일할 수 있었습니다. 지금까지 약 20개 이상의 도시에서 짧게는 3~4주, 길게는 3~4년 해외 도시에서 일했습니다. 해외로 나가서 일하는 기회가 생기면서 아이들을 해외 출장에 자주 데리고 다녔습니다. 덕분에 아이들은 독일, 프랑스, 룩셈부르크, 벨기에, 네덜란드, 스페인, 이탈리아, 슬로베니아, 오스트리아, 헝가리, 체코, 폴란드, 슬로바키아 등 13개국 30여 개의 해외 도시를 여행했습니다. 약 230일 동안 해외에 체류하면서 아이들은 많은 것을 보고, 다양한 사람과 세상을 이해하는 법을 배워 갔습니다. 그렇게 우리 가족은 우리가 가진 생각과 편견을 조금씩 바꿔 갈 수 있었습니다.

독일에는 우리 집이 있어

　2015년에는 3개월 간 독일 출장을 가게 되어, 가족 5명 모두 함께 갔습니다. 필자는 독일 헤센주의 다름슈타트라는 곳에서 3개월 간 생활했습니다. 평일에는 필자는 출근하고 가족들은 다름슈타트 지역 안에서 여가를 즐겼고, 주말에는 차를 렌트해 가족 모두가 근교로 여행을 다녔습니다.

　필자가 가족과 함께 해외 출장을 갔을 때, 가장 중요하게 생각한 것은 안전과 편안한 집이었습니다. 해외라는 낯선 곳이지만, 아이들이 집에서는 마음 편히 지낼 수 있기를 원했기 때문입니다. 3개월 동안 아이들은 다름슈타트 지역의 구석구석을 알아 갔고, 놀이터에서 만난 아이들과 인사하며 오랜 시간 살았던 동네처럼 친숙한 경험들을 했습니다. 다행히 독일의 4, 5월에는 연휴가 많아 프랑스, 룩셈부르크, 벨기에 등 독일과 가까운 국가로 여행도 다닐 수 있었습니다.

　"독일에 우리 집 있어."

　한국에 귀국하고 아이들은 사람들에게 독일에 집이 있다고 말하곤 했습니다. 아이들은 다름슈타트에서 잠시 머물렀던 집을 우리 집으로 알고 있었습니다. 그만큼 다름슈타트에서 머물렀던 집은 내 집

"아이들에게 세상은 좀
더 큰 놀이터이다."
 - 고승원

처럼, 동네는 내 동네처럼 친근했던 거겠죠. 이 경험을 통해, 아이들이 어릴수록 여러 여행지를 방문하기보다 한 지역에서 오랫동안 머무는 여행이 더 좋다는 것을 알 수 있었습니다. 한곳에 오래 머물면 외국인에 대한 친근감과 낯선 곳에서의 안정감을 찾을 수 있었습니다. 그리고 이 안정감을 누렸던 경험은 이후의 여행에서, 새로운 곳에 대한 두려움을 없애 주었습니다. 새로운 곳에 대한 두려움을 없애는 것은, 내가 경험하지 못한 새로운 세상과 사람에게 쉽게 다가가고 그들을 이해할 수 있는 소중한 자산입니다.

아이들은 누구나 즐겁게 놀아야 해 - 독일의 동네 놀이터

2017년, 독일의 바트빌벨이라는 곳에서 3개월 간 지냈습니다. 바트빌벨은 필자가 지금껏 가 본 해외의 지역 중 아이들과 지내기 가장 좋은 동네였습니다. 바트빌벨에서 우리가 지냈던 숙소는 놀이터 바로 앞에 위치해, 아이들은 눈만 뜨면 놀이터에 나가서 놀았습니다. 그리고 놀이터뿐만 아니라 바로 옆에는 공원과 강이 있어 아이들과 함께 즐거운 시간을 보낼 수 있는 너무 좋은 곳이었습니다.

독일은 '아이들은 누구나 즐겁게 뛰어놀 권리가 있다.'는 생각과 함께 입장료가 비싼 테마파크 같은 곳이 아니어도 모든 아이가 즐겁게 뛰어놀 수 있는 최고의 놀이터를 동네마다 만들어서 운영합니다. 독일의 놀이터는 자연 그대로의 원목을 사용하고, 바닥에는 모래나

부드러운 나뭇가지가 깔려 있습니다. 그리고 어느 정도 아이들이 위험을 경험하고, 아이들의 창의력과 활동성을 높일 수 있도록 많은 것을 고려하여 설계되어 있습니다. 또한 물놀이 시설이 있어서 아이들은 물놀이를 통해 물의 흐름을 인식할 수 있고, 놀이가 끝나면 바로 손발을 씻을 수도 있습니다. 이렇게 멋진 독일의 놀이터엔 그 동네에 사는 아이와 부모가 항상 모여있어, 동네 사람들의 모임 장소나 다름없습니다. 필자의 아이들 역시 날마다 동네 놀이터에서 즐거운 시간을 보냈고, 놀이터에서 만난 아이들과 자연스럽게 친해질 수 있었습니다. 그리고 필자와 아내 역시 동네 부모들과 가벼운 안부를 서로 물으며, 동네 주민으로 스며들 수 있었습니다. 그래서 독일의 놀이터는 정말 우리 모두를 위한 장소였습니다.

아이들은 독일의 놀이터에서 함께 놀면서, 서로 배려하는 법을 자연스럽게 배워 갔습니다. 그리고 무엇보다 아이들은,

"그거 만지면 안 돼!"

"옷 젖잖아!"

"머리에 모래 들어가잖아!"

"그렇게 하면 위험해!"

와 같은 어른들의 잔소리를 들을 필요가 없었습니다. 장애물을 넘고 미끄럼틀을 거꾸로 오르며, 아이들은 더 어렵고 힘들게 노는 방법을 택합니다. 물론 어른이 생각하는 안전하고 즐거운 놀이의 기준과는 다르게 말이죠. 하지만 "한때 나도 아이였어."라는 생각으로 아

이들을 전부 이해한다고 생각하면서 아이의 놀이터 활동에 제한을 두면 안 됩니다. 정말 아이를 생각하고 이해하여 만든 독일의 놀이터와 같이, 부모는 아이들이 더 즐겁게 뛰어놀 수 있도록 환경을 제공해 줘야 합니다. 그렇게 아이들은 필자에게 바라는 것이 한 가지 더 생겼습니다.

"아빠, 돈 많이 벌어서 아빠가 우리나라 동네마다 독일 놀이터 같은 놀이터를 만들어 주면 좋겠어."

"아빠가 꼭 해 볼게! 그런데 우리 같이 한번 해 보자!"

필자가 꼭 하고 싶은 일 중 하나는 독일처럼 자연 친화적인 놀이터를 우리나라의 많은 동네에 만드는 것입니다.

아이들이 사는 세상을 더 크게

말이 안 통해서, 피부색이 달라서, 문화가 달라서, 그래서 나와는 다르고 두려운 사람이라고 생각하는 건 순전히 어른들의 생각일 뿐입니다. 오히려 어른들의 그런 생각이 아이들을 더 방해하는지 모릅니다. 아이들은 말이 안 통해도 피부색이 달라도 금세 친해지고 같이 놀고 누구와도 친구가 됩니다. 아이들은 세상을 하나로 연결해 주는 최고의 선물입니다. 여행하는 곳에서 만난 많은 어른은 필자의 아이들에게 먼저 손을 내밀고, 항상 친절함을 베풀어 주었습니다. 필자의 아이들 역시 스스럼없이 그분들에게 다가가고 장난을 치고, 그분들이 전하는 작은 도움과 사랑을 있는 그대로 받아들였습니다.

이제 우리 아이들이 사는 세상은 우리가 살고 있는 대한민국에 국한되어 있지 않습니다. 아이들의 친구는 피부색이 다를 수도 있고, 다른 언어를 사용할 수 있습니다. 아이들이 사는 세상이 커지는 것을 함부로 제한하거나 걱정하지 마세요. 아이들이 사는 세상이 커지면 아이들의 생각 역시 같이 커지기 때문입니다.

사람에 대한 배려가 가득한 문화

독일에서는 횡단보도 근처로 사람이 걸어오면 사람이 횡단보도를 먼저 건널 수 있게 모든 운전자가 차를 멈추고, 횡단보도 신호등은 횡단보도 앞에 설치된 버튼만 누르면 몇 초 안에 초록불이 들어왔습니다. 무엇보다 도로에서 경적을 울리는 차는 거의 볼 수 없을 정도로 운전자들의 양보와 배려가 기본이 되어 있었습니다. 독일의 교통 시스템을 경험한 아이들은 보행자를 배려하지 않는 한국의 교통 시스템에 대해 독일과 비교하며 많이 이야기했습니다. 사실 독일뿐만 아니라 유럽의 대다수 국가에서는 사람 우선 보행 신호, 자전거 전용 신호등을 쉽게 볼 수 있습니다.

슬로베니아의 수도인 류블랴나에는 관광지 소개가 시각 장애인을 위한 점자로도 함께 작성되어 있습니다. 관광지에서 처음 점자를 본 아이들은 그것이 시각 장애인이 읽는 점자라는 것을 알지 못했습

니다.

"아빠, 우리나라 관광지에도 이렇게 점자가 있어?"

"글쎄, 못 본 것 같은데."

"그래? 그럼 우리나라 시각 장애인은 어떻게 해?"

아이들의 이런 물음에 당황스러울 때가 많습니다. 물론 꼭 부모가 모든 해답을 주지 않아도 되며, 모든 해답을 줄 수도 없습니다. 다만 아이들 스스로가 물음을 갖고, 생각해 보는 시간을 가질 수 있도록 부모는 아이들에게 상황을 만들어 주고 기다리면 됩니다.

우유가 자판기에서 나오네

슬로베니아 류블랴나에서, 한 남자가 자판기 앞에 서더니 빈 병을 넣고 동전 투입구에 돈을 넣었습니다. 그리고 잠시 후 자판기에서 우유가 나오기 시작했고, 빈 병을 가득 채웠습니다.

"세상에! 우유가 자판기에서 나오네."

생전 처음 보는 자판기에 필자도 아이들도 놀라움을 감추지 못하고 멍하니 바라보았습니다. 그 이후로도 많은 사람이 우유 자판기에 빈 병을 들고 와서 우유를 담아 갔습니다. 슬로베니아 류블랴나의 곳곳에는 이렇게 매일매일 신선한 우유가 채워진 자판기가 배치되어 있습니다. 그래서 류블랴나의 사람들은 마트의 우유보다 훨씬 저렴한 가격으로 가장 신선한 우유를 사서 먹습니다.

우리가 아직 가보지 않은 세상은 우리가 이제껏 한 번도 경험해 보지 못한 것들이 가득 채워져 있습니다. 그렇다 보니 여행을 하면서 우리는, 우리의 상식이 깨지는 순간을 자주 마주하게 됩니다. 그리고 우리의 상식이 깨지는 순간, 우리는 창조를 꿈꾸고 마침내 새로운 것을 만들어 냅니다.

세상에서 가장 맛있는 38도 위스키

체코 프라하에서 폴란드 크라쿠프로 가는 기차에서 있었던 일입니다. 우리는 기차를 자유석으로 예매해서 지정된 좌석은 없었지만 다행히 많은 자리가 비어 있어, 우리는 원하는 자리에 앉아 폴란드까지 갈 수 있었습니다. 그런데 폴란드를 넘어서부턴 기차가 특정 역에서 반으로 나뉘어 한쪽은 폴란드 바르샤바로, 다른 한쪽은 우리의 목적지인 크라쿠프로 가는 것이었습니다. 필자 역시 기차로 외국 여행을 해 본 적이 없어, 이렇게 기차가 반으로 나뉘어 다른 방향으로 간다는 것을 전혀 생각하지 못했습니다. 다행히 역무원의 도움으로 출발 직전에 부랴부랴 크라쿠프로 향하는 열차에 옮겨 탈 수 있었지만, 이때 생각만 하면 지금도 아찔합니다.

그런데 크라쿠프로 향하는 열차로 옮겨 탄 후, 앉을 수 있는 빈자리를 찾았지만 모든 좌석에 이미 사람이 있는 상태였습니다. 한참 동안 자리를 찾는 우리의 모습을 본 체코 할아버지가 우리에게 자신의 자리 칸에 같이 앉자고 손짓을 보냈습니다. 할아버지는 영어는 전혀 하지 못하셔서, 체코어로 말씀하셨지만 할아버지께서 무슨 말씀을

하시는지는 느낄 수 있었습니다.

할아버지는 체코 오스트라바가 목적지로, 가는 내내 체코어로 열차에서 보이는 지역에 대해서 열심히 설명해 주셨습니다. 당연히 우리는 하나도 알아듣지 못했지만, 너무나 친근하게 열심히 설명해 주시는 할아버지가 고마웠습니다.

그리고 가방에서 새 위스키 한 병을 꺼내서 필자와 아내에게 마셔보라고 한 잔씩 따라 주셨습니다. 사실 필자는 술을 잘 못 마시는 편인데, 더군다나 이 술은 무려 38도나 되는 매우 독한 술이었습니다. 정말 난처했지만 할아버지께 너무 고마운 마음이 들어 필자와 아내는 주신 술을 한 모금씩 마셨습니다.

그날의 분위기 때문이었는지 모르겠지만, 이날 마신 이 독한 술은 필자의 인생에서 가장 맛있고 따뜻한 술로 기억에 남습니다. 지금도 아이들은 기차 이야기만 나오면 이날 기차가 반으로 나뉘어 겨우 기차를 옮겨 탔던 일 그리고 그때 만났던 할아버지 이야기를 합니다.

때로는 예기치 못한 우연이 인생의 행복한 기억으로 남을 때가 있습니다. 이렇게 길을 잃는 순간 우린 새로운 세상을 만나기도 합니다.

춤을 멈출 수가 없어

흥이 많은 막내 은솔이는 언제나 웃습니다. 처음 장기 해외여행을 시작했을 때, 은솔이의 나이는 16개월이었습니다. 우리는 어린 은솔이를 걱정했지만, 예상과는 다르게 여행을 가장 만끽하며 즐겼던 사람은 바로 은솔이였습니다. 은솔이는 날마다 동네 놀이터에서 모래와 흙을 만지며 그 위에 눕고, 물에 젖어도 전혀 개의치 않아 하며 자유롭게 지냈습니다. 그 덕분에 은솔이는 지금도 아무 곳에서나

앉고, 눕고, 춤추고, 노래를 부릅니다. 아이가 막 걷기 시작할 때 경험하고 느꼈던 세상이, 자라나는 아이의 삶에 얼마나 큰 영향을 주는지 은솔이를 보며 알았습니다. 확실히 은솔이는 오빠나 언니와 달리 더 자유롭습니다. 다른 사람들의 시선보다 은솔이 자신의 기분에 충실하고 그 기분을 표현하는 데 능숙합니다. 은솔이는 집에서나 밖에서나 기분이 좋으면 항상 춤을 춥니다.

"아빠, 몸이 저절로 움직여서 도저히 춤을 멈출 수가 없어."

기분 좋게 추운 밤이야

이탈리아 베로나의 아레나 오페라 극장에서 「노트르담 드 파리」 뮤지컬을 보았습니다. 마지막 날 급하게 구매한 티켓이라, 제일 저렴한 극장 맨 끝의 좌석이었습니다. 사실 티켓을 구매할지 말지 한참을 고민하다 구매했는데, 오히려 극장을 가득 메운 관중들이 한눈에 보여서 공연을 더욱 인상 깊게 볼 수 있었습니다.

여름에 출발한 여행이 어느새 늦가을로 접어들면서 밤 기온이 많이 떨어졌고, 우리는 두꺼운 옷을 준비하지 못해 추위에 덜덜 떨었습니다. 우리는 꼭 붙어 앉아, 서로의 온기를 느끼며 늦은 밤까지 공연을 관람했습니다. 귀국하고 나서도 한동안 뮤지컬에 나온 노래를 계속 부를 정도로 아이들은 이날 엄청난 공연 규모와 관중의 열기에 매료되었습니다.

밤 11시 30분에야 공연이 끝났고, 우리는 다시 숙소로 걸어갔습니다.

"엄마, 정말 기분 좋게 추운 밤이야."

은서가 한 이 말은, 이날의 경험으로 인해 은서의 삶이 얼마나 풍요로워졌는지 느낄 수 있는 충분한 표현이었습니다.

Part 5

세계 각국의
코딩 교육

코딩 열풍으로 인해 우리는 뉴스나 신문 같은 매체를 통해서 선진국의 코딩 교육에 대한 소식을 자주 접합니다. 그래서 웬만큼 이런 뉴스나 기사를 본 사람은 핀란드는 어떻고, 미국은 어떻다고 말합니다. 문제는 그런 뉴스나 기사들이 그 나라에서 진행하는 전체 교육 안에서의 코딩 교육이 아닌, 코딩 교육을 진행하는 그 장면에만 초점을 맞춘, 매우 부분적인 내용이라는 것입니다. 때문에 잘못된 정보를 얻고, 잘못된 교육을 아이들에게 강요할 수 있습니다.

그래서 이번 챕터에서는 우리보다 먼저 코딩 교육을 시작한 국가들이 소프트웨어 교육을 어떤 환경에서 어떤 교육과 같이 하는지, 우리나라의 코딩 교육과는 어떤 차이점이 있는지 알아보겠습니다.

[핀란드]
코디2016-16세까지 최소 하나 이상의 프로그래밍 언어 습득
코딩은 독립된 과목이 아닌, 전 과목에 코딩을 적용

[에스토니아]
북유럽의 실리콘밸리, e-에스토니아 2003년 전자정부 구축
전자시민권
세계최초로 조기 코딩교육 의무화

[미국]
놀이처럼 코딩 배우기 -
마인크래프드, 스크래치
코드닷오알지
IT 글로벌 기업들의 전
폭적인 지지를 바탕으로
코딩 교육 활성화

[영국]
2014년 만5세 이상 컴퓨
터 수업시작
디지털 창조작 역량 강화
총 4단계의 Key Stage
코드클럽
영 리와이어드 스테이트

[인도]
코딩과 더불어 제품 중심의 사고와 경험
코딩 거리 - SAP
글로벌 기업 CEO 배출

애플의 창업자인 스티브 잡스는 "이 나라의 모든 사람은 컴퓨터 프로그래밍(코딩)을 배워야 합니다. 코딩은 생각하는 방법을 가르쳐 주기 때문입니다."라고 말했고, 마이크로소프트 창업자인 빌 게이츠는 "코딩은 사고의 범위를 넓혀 주고 더 나은 생각을 하게 하며 분야와 상관없이 모든 문제에 대해 새로운 해결책을 생각하는 힘을 길러 줍니다."라고 말했습니다.

이 글을 읽는 독자들에게 분명히 전달하고 싶은 것은 모두가 프로그래머가 될 필요는 없다는 것입니다. 하지만 프로그래밍(코딩)은 배우는 것 자체만으로도 사고의 범위를 넓혀 주고, 문제를 다양한 각도로 해결하는 힘을 길러 줍니다. 그래서 코딩을 배워야 합니다.

미국, 영국, 인도 등 수많은 나라에서 이미 코딩 교육을 국가의 가장 큰 과제 중의 하나로 인정하고 국가적인 차원에서 다양한 교육을 시도합니다.

다른 나라의 코딩 교육을 살펴볼 때, 단순히 코딩 교육을 어떻게 하는지만 봐서는 안 됩니다. 그 나라의 전체 교육 시스템 안에서 코딩 교육이 어떻게 이루어지는지를 같이 보는 것이 중요합니다. 왜냐하면 코딩 교육은 교육 과정의 극히 일부이기 때문에, 전체 교육 측면에서 다른 교육과 어떻게 결합되어 균형이 잡히고, 다른 교육과 어떻게 상호 작용하는지를 반드시 살펴봐야 합니다. 그래서 단순히 선진국의 코딩 교육만 보고 그대로 따라 하는 것은 잘못된 접근입니다.

핀란드의 코딩 교육

핀란드는 미국과 마찬가지로 민간 주도로 코딩 교육이 활성화되었습니다. 아이들이 좋아하는 모바일 게임인 「클래시 오브 클랜」으로 유명한 슈퍼셀, 「앵그리 버드」의 로비오 등이 핀란드의 대표적인 IT 기업입니다.

'교육'하면 핀란드를 떠올릴 정도로, 핀란드는 공교육에 대한 자부심이 매우 크고 세계의 모범이 되는 나라입니다. 이렇게 공교육이 강한 핀란드이지만, 코딩 교육의 시작은 민간의 주도로 시작되었습니다. 하지만 2016년에 핀란드 정부도 이른바 '코디 2016(KODI2016)'이라는 코딩 교육을 공식 교육 과정에 넣습니다. 코

디 2016(KODI2016)은 16세까지 최소 하나 이상의 프로그래밍 언어를
사용하도록 하는 코딩 교육 과정입니다.

여기서 주목할 게 있습니다. 핀란드 정부가 주도한 코디 2016은
코딩 교육과 소프트웨어 교육이 독립된 교과 과정이 아니라는 점입
니다. 우리나라처럼 코딩 교육과 소프트웨어 교육을 독립된 교과 과
정으로 하는 것이 아니라, 수학, 음악, 체육 등 전 과목에 '프로그래
밍' 교육을 적용하는 방식입니다. 수학, 음악, 체육, 미술 등 학생들이
표현하고 싶은 모든 것을 코딩 언어로 표현하도록 가르치는데, 이를
문제 해결 중심의 '융합 교육'이라고 합니다.

핀란드의 코딩 교육은 의무적으로 배워야 하는 기간이 1년뿐이지
만, 그 이후로는 심화 과정으로 개인의 자율에 맡깁니다. 이때, 심화

과정은 민간 교육 업체의 주도로 진행되는데, 모든 교육은 무료입니다. 그래서 핀란드 학생들은 코딩 교육을 배우고, 심화 과정을 거쳐 고등학생 정도가 되면 프로그래밍을 통해 실생활에 활용 가능한 다양한 IT 기기를 만드는 수준까지 실력이 성장합니다.

핀란드 코딩 교육의 목표는 실생활에 활용 가능한 기기를 만들고, 단순 개발자가 아닌 다양한 산업군에서 활약할 젊은 창업가를 키우는 데 있습니다.

영국의 코딩 교육

전 세계에서 코딩 교육을 최초로 도입한 나라가 영국입니다. 영국은 2014년 9월부터 만 5~16세의 전 학년 필수 과목으로 '컴퓨팅(Computing)' 수업을 시작했습니다.

영국이 컴퓨팅 과목을 도입한 배경으로는 세계 경제의 패러다임이 기존의 산업 경제에서 디지털 창조 경제로 급변한다는 점과 디지털 경제에 맞는 새로운 인재를 양성하기 위해 이전과는 다른, 교육의 혁신이 필요하다는 점을 들 수 있습니다. 제조 중심의 산업 경제에서는 논리적인 분석력이 중요했다면, 디지털 경제에서는 창의성, 즉 창조자의 역량이 더 중요합니다.

영국의 코딩 교육 과정은 학생들에게 프로그래밍 연습 과정을 통해 정보적 사고, 컴퓨팅 사고력을 습득해 그 관점으로 세상의 문제를 보게 하고, 새로운 것을 창조(Make, Create)하게 하는 디지털적 창조자 (Maker, Creator) 역량에 초점을 둡니다.

영국의 컴퓨팅 교육 과정은 총 4단계 Key Stage로 구성됩니다.

Key Stage 1: 만 5~7세
• 알고리즘이 무엇이고, 디지털 기기 안에서 프로그램으로 어떻게 구현되는지를 이해합니다. 그리고 프로그램은 정확한 명령에 의해 실행된다는 것을 이해합니다.
• 간단한 프로그램을 생성하고 디버그합니다.

- 간단한 프로그램의 동작을 예측하도록 논리적 추론을 사용합니다.
- 디지털 콘텐츠를 제작, 구성, 저장, 편집하도록 목적에 맞는 기술을 사용합니다.
- 학교 밖에서 IT 기술의 일반적인 사용법을 이해합니다.
- 기술을 안전하고 매너 있게 사용하며, 개인 정보를 보호합니다. 인터넷 또는 온라인 기술에 대한 문의가 있을 때 어디서 도움을 받을지 식별합니다.

Key Stage 2: 만 7~11세
- 물리적 시스템에 대한 제어, 시뮬레이션 같은 특정 목적을 달성하도록 프로그램에 대한 설계, 작성, 디버그를 합니다. 이때 문제를 작은 부분으로 분해해서 해결합니다.
- 변수, 조건문, 반복문 등을 사용하여 프로그램에서 다양한 형태의 입출력을 처리합니다.
- 논리 추론을 사용하여 몇 가지 간단한 알고리즘의 작동 방식을 설명하고, 알고리즘과 프로그램의 오류를 발견하고 수정합니다.
- 인터넷을 포함한 컴퓨터 네트워크에 대한 이해. 월드 와이드 웹처럼 멀티 서비스를 제공하는 방법을 이해합니다.
- 검색 기술을 효과적으로 사용하여 검색된 결과 중에 선택해야 할 콘텐츠가 무엇이며, 어떤 콘텐츠가 적합한지 분별합니다.

- 다양한 디지털 기기에서 인터넷 서비스를 포함한 다양한 소프트웨어를 사용, 결합하여 데이터와 정보에 대한 수집, 분석, 평가, 표현 등의 주어진 목적을 달성하도록 프로그램, 시스템, 콘텐츠를 설계, 제작합니다.
- 기술에 대해 허용하는 행동과 허용해서는 안 되는 행동을 인지하고, 안전하고 책임감 있게 사용합니다. 콘텐츠의 잠재적 문제 사항에 대해 보고하는 방법을 숙지합니다.

Key Stage 3: 만 11~14세

- 계산적 사고를 반영하는 몇 가지 핵심 알고리즘을 이해합니다(예: 정렬 및 검색용 알고리즘). 논리적 추론을 사용하여 동일한 문제에 대한 대체 알고리즘의 효율성을 비교합니다.
- 다양한 계산 문제를 해결하도록 둘 이상의 프로그래밍 언어를 사용합니다. 데이터 구조(예: 목록, 테이블 또는 배열)를 적절하게 사용합니다. 절차 또는 기능을 사용하는 모듈식 프로그램을 설계, 개발합니다.
- 간단한 참/거짓 로직을 이해하고, 로직을 회로 및 프로그래밍에서 어떻게 사용하는지 이해합니다. 숫자를 이진수로 표현하는 방법을 이해하고 이진수에 대한 간단한 연산을 수행합니다(예: 이진 더하기, 이진수와 십진수 간 변환).
- 컴퓨터 시스템을 구성하는 하드웨어 및 소프트웨어 구성요소를

배우고 다른 시스템과 통신하는 방법을 이해합니다.

- 컴퓨터 시스템 내에서 명령이 어떻게 저장되고 실행되는지 이해합니다. 다양한 유형의 데이터(텍스트, 소리 및 그림 포함)를 이진수 형태의 디지털 방식으로 표현하고 조작하는 방법을 이해합니다.
- 데이터 수집 및 분석, 알려진 사용자의 요구 사항 충족을 포함하여 까다로운 목표를 달성하도록 가급적이면 다양한 장치에서 여러 응용 프로그램을 선택, 사용 및 결합하는 창의적인 프로젝트를 수행합니다.
- 신뢰성, 디자인 및 유용성을 고려하여 청중을 위한 디지털 저작물을 생성, 재사용, 수정 및 용도 변경을 수행합니다.
- 온라인 신원 및 개인 정보 보호를 포함하여 기술을 책임감 있고 안전하게 사용하는 다양한 방법을 이해합니다. 부적절한 콘텐츠를 인식하고, 우려 사항을 보고하는 방법을 알고 이해합니다.

Key Stage 4: 만 14~16세

- 직업 현장에서 직접적으로 활용하는 깊이 있는 정보 기술 및 컴퓨터 과학 교육을 합니다.
- 컴퓨터 과학, 디지털 미디어 및 정보 기술에 대한 능력, 창의성 및 지식을 개발합니다.
- 분석, 문제 해결, 설계 및 계산적 사고 능력을 개발하고 적용합니다.

- 온라인 개인 정보 및 신원을 보호하는 새로운 방법과 다양한 우려 사항을 보고하는 방법을 포함하여 기술의 변화가 안전에 미치는 영향을 이해합니다.

영국은 또한, 다음과 같은 비영리 교육 단체들이 활발하게 코딩 교육을 지원합니다.

코드 클럽(Code Club)

코드 클럽은 웹 디자이너 클레어 서트클리프(Clare Sutcliffe)와 웹 프로그래머 린다 샌드빅(Linda Sandvik)이 2012년 4월에 만든 비영리 단체로, 첫해인 2012년에는 22개 초등학교에서 시작했지만, 현재는 영국에 1,300여 학교, 다른 국가에도 100개 이상의 클럽이 운영 중입니다. 2명의 웹 디자이너와 프로그래머가 모여서 구상한 이 캠페인은 코드 아카데미와 구글의 지원 등을 통해 영국을 넘어 이제 세계로 확산되고 있습니다.

코드 클럽은 9세에서 11세까지의 어린이들이 참여하도록 방과 후 프로그램을 개설했고, 교과 과정은 모두 4단계로 분류되는데, 첫 번째와 두 번째 단계에서는 프로그래밍의 기초를 다루고, 세 번째 단계에서는 HTML이나 CSS와 같은 웹 사이트 개발 코딩을 다룹니다. 마지막 단계에서는 파이썬(Python)과 같은 전문 코딩 교육을 진행합니다. 코드 클럽은 이 과정을 통해서 영국의 9~11세 어린이들이 소

프트웨어 코딩을 익숙하게 다루고 성장 후에는 전문가로서 활동하는 토대를 마련해 주는 것을 주된 목적으로 운영됩니다.

영 리와이어드 스테이트(Young Rewired State, 이하 YRS)

YRS는 2009년 구글의 영국 지사가 소프트웨어 코딩에 관심 있는 젊은이들을 위해서 결성한 일종의 네트워크에서 시작되었습니다. YRS의 목표는 18세 이하의 젊은이들이 개인적으로 코딩을 공부하면서 갖는 고민이나 시행착오를 최소화할 수 있도록 네트워크를 형성하여 정기적으로 만나고 다양한 정보를 공유해서 시너지를 높이자는 취지로 시작되었습니다. YRS는 소프트웨어 코딩에 관심과 재능이 있는 학생들이 잠재력을 극대화하지 못한 데에는 협력 네트워크나 체계의 부재 문제가 있다고 보았습니다. 이에 학생들에게 다양

한 정보를 제공하며, 모임에 참석한 학생들이 자신의 능력을 발휘하
고 협력하여 코딩 실력을 향상시킬 수 있도록 돕는 것을 중심 가치로
두었습니다. 매년 8월 첫째 주를 '코드 페스티벌' 주로 정해서 학생
들이 방대한 양의 정부 데이터를 이용하도록 하여 더 나은 프로그램
을 제작하는 기회를 제공합니다. YRS에 선발된 학생들은 영국에서
개최되는 다양한 소프트웨어 개발 학회나 컨벤션에도 참가하는 기
회를 얻을 수 있습니다. YRS는 영국 학생들에게 자신의 능력을 개발
하는 기회를 제공하고 동시에 공공 데이터를 활용한 다양한 문제 해
결 활동을 통해 영국 정부의 정책 발전에도 기여합니다.

미국의 코딩 교육

하루는 둘째인 은서가 물었습니다.

"아빠, 왜 애플 제품은 다른 비슷한 제품들보다 비싸?"

이 물음에 대답해 주려고 애플이 가진 브랜드 파워를 설명하고 브랜드가 가진 영향력으로 인해 가격이 비싸더라도 애플 제품을 사용하는 사람이 많다고 설명해 주었습니다.

은서에게 2021년 기준 전 세계 기업 순위(시가 총액)를 보여 주고, 애플이 전 세계 1위 업체라고 말해 주었습니다. 그런데 은서는 필자가 보여 준 순위표를 보고, "미국 회사가 10개나 있네. 이래서 미국이 세계 제일 강대국이야?"라고 필자에게 물었습니다. 이 글을 읽는 독자분들도 잘 아는 것처럼 애플, 아마존, 구글, 마이크로소프트, 페이스북 등 현재 전 세계 톱 회사는 모두 소프트웨어 회사이고, 미국 회사입니다.

산업 경제에서 디지털 경제로 바뀌어 가면서 미국은 세계 그 어떤 국가보다 디지털 강대국으로 점점 더 커져 갑니다. 이런 이유 때문에 유럽의 많은 국가가 미국을 따라잡으려고 코딩 교육을 의무 교육으로 채택하고 다양한 시도를 하는 거라 생각합니다. 물론 디지털 경제에서는 국가의 규모가 작더라도, 국가가 가진 자원이 작아도 모두 동등한 기회가 주어지기 때문에 더욱 코딩 교육을 중요하게 생각하기도 합니다.

전 세계 소프트웨어 시장의 최강자들이 즐비한 미국 그리고 미국

Rank	Name	Market Cap	Price	Today	Price (30 days)	Country
1	Apple AAPL	$2.222 T	$132.05	0.86%		us USA
2	Saudi Aramco 2222.SR	$2.046 T	$9.31	0.29%		sa S. Arabia
3	Microsoft MSFT	$1.660 T	$219.62	0.61%		us USA
4	Amazon AMZN	$1.597 T	$3,183	0.65%		us USA
5	Alphabet (Google) GOOG	$1.218 T	$1,807	1.12%		us USA
6	Tesla TSLA	$834.17 B	$880.02	7.84%		us USA
7	Facebook FB	$762.11 B	$267.57	-0.44%		us USA
8	Tencent TCEHY	$742.23 B	$76.94	5.61%		cn China
9	Alibaba BABA	$642.22 B	$236.19	4.09%		cn China
10	Berkshire Hathaway BRK-A	$549.58 B	$352,039	0.56%		us USA
^1 11	Samsung 005930.KS	$526.63 B	$78.52	7.12%		kr S. Korea
˅1 12	TSMC TSM	$511.70 B	$118.69	-2.26%		tw Taiwan
13	Visa V	$474.94 B	$215.45	0.77%		us USA
14	Johnson & Johnson JNJ	$421.31 B	$160.04	-0.21%		us USA
15	Walmart WMT	$414.85 B	$146.63	-0.01%		us USA

의 애플, 아마존, 구글, 마이크로소프트, 페이스북 같은 거대 IT 기업
들은 코딩 교육을 위한 막대한 예산과 플랫폼을 무료로 제공합니다.
그렇기 때문에 미국은 소프트웨어를 배우고, 적용할 수 있는 좋은 환
경의 국가라 말할 수 있습니다. 또한 미국의 코딩 교육을 이야기할
때 빼놓을 수 없는 것이 '스크래치'와 '마인크래프트'입니다. 스크래
치는 우리나라 초등학교에서 코딩 교육 때 사용하는 대표적인 소프
트웨어로 미국의 MIT(매사추세츠 공과대학)에서 개발한 블록 코딩 프로그

램입니다. 현재 우리나라에서는 네이버 커넥트재단에서 개발한 '엔

트리'와 미국 MIT에서 개발한 '스크래치'를 코딩 교육 프로그램으

로 가장 많이 사용합니다. 특히 '스크래치'는 가장 많은 프로그램 예

제를 포함하지만 한글화가 제대로 되지 않아 '스크래치'와 유사하면서도 한글화가 잘되는 블록 코딩 프로그램인 '엔트리'를 우리나라에서는 많이 사용합니다.

그리고 미국은 놀이처럼 코딩을 가르치자는 취지로 네모난 블록을 레고처럼 쌓아 마을을 만드는 게임인 '마인크래프트'를 활용합니다. 마인크래프트는 교육에 게임적 요소를 적용해서 아이들에게 동기를 부여하고 아이들의 협동, 문제 해결 능력, 코딩 능력을 키우는 프로그램입니다.

미국의 코딩 열풍은 비영리 단체인 '코드닷오알지'(Code.org)가 주도하는데, 이 단체는 Facebook 설립자인 마크 주커버그와 MS 창업자인 빌 게이츠 등이 사비를 출자해 만든 비영리 단체이며 무료로 운영됩니다. 또한 시간이 충분하지 않은 학생들에게 코드닷오알지는 학교에서 일주일에 한 시간씩 코딩 교육을 받도록 지원하는 '아워오브코드(Hour of Code)' 캠페인도 진행합니다.

코드닷오알지 역시 우리나라 코딩 교육에서 많이 사용하는 스크

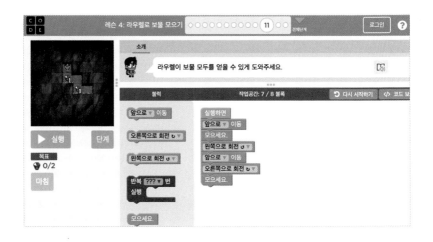

래치나 엔트리처럼 블록 코딩 기반이지만, 아이들의 흥미를 유발하
도록 마인크래프트와 같은 게임, 『겨울왕국』 같은 애니메이션을 기
반으로 재미있게 코딩을 배우게 합니다. 코드닷오알지에서 사용하는
블록 코딩 프로그램은 구글에서 개발한 블록클리(Blockly)입니다.

미국은 코딩 교육을 의무적으로 채택하는 주가 늘어나는 것에 맞
춰 교육 체계에 맞는 평가 기준과 교사 확충에도 힘씁니다. 2015년
부터 뉴욕시는 코딩 전담 교사를 훈련시키고, 시카고 교육청은 시내
고등학교를 대상으로 앞으로 컴퓨터 과학을 졸업 필수 과목으로 지
정하는 등 정책 입안자들도 적극적으로 코딩 교육을 장려합니다.

사실 우리나라는 이제 막 컴퓨터 교육과를 졸업한 대학생 혹은 간
단한 코딩 교육을 이수한 사람들이 코딩 교육 교사로 활동하다 보니,
전문성이 떨어지는 것을 종종 봅니다. 아이들에게 코딩 교육을 하려
면 가르치는 교사에 대한 체계화된 전문 교육 역시 정기적으로 진행

되어야 합니다.

또한 미국은 코딩에 관심이 많은 학생이 고등학교 때부터 관련된 대학 강의를 미리 수강하는 AP(Advanced Placement) 제도를 통해 대학에 들어가기 전부터 선택과 집중을 할 수 있도록 운영합니다. AP 과정을 이수하면 대학 학점으로 인정받아 대학 과정을 좀 더 일찍 수료해서 자기가 관심 있는 분야로 빨리 진출할 수 있다는 이점이 있습니다. 예를 들면 머신러닝, 딥러닝에 관심이 많은 미국 고등학생이 수학적 기초를 다지도록 대학교 수학 과정인 선형 대수(Linear Algebra)를 고등학교 때 미리 이수하는 식입니다.

그리고 아이들이 코딩에 대한 흥미를 잃지 않도록 역사나 수학 같은 다른 과목에 코딩 교육을 자연스럽게 적용하는 방식으로 진행합니다. 예를 들어 역사를 가르칠 때 'A 나라의 역사를 조사해서 홈페이지로 만들어라.'라는 식의 과제를 주어, 역사를 조사하고 얻은 결과를 표현하는 데에 코딩 기술을 활용할 수 있도록 합니다. 이렇게 코딩을 별도의 기술이 아니라, 융합 교육 방식을 통해 하나의 도구로서 문제를 해결하고 창의적인 결과를 만드는 것에 사용하도록 교육합니다.

인도의 코딩 교육

인도 하이데라바드(Hyderabad)에는 SAP라는 거리가 있습니다. 이곳은 아침부터 IT 기술을 배우려는 10만 명 이상의 교육생들이 하루를 여는 곳이기도 합니다.

인도는 카스트 제도라는 신분제가 존재합니다. 인도의 많은 젊은 이는 코딩을 무기삼아, 글로벌 기업에 취업해서 계급의 굴레에서 벗어나는 꿈을 가집니다. 그래서 인도 학생들은 코딩 학습에 매우 적극적입니다.

인도 정부는 IT 기술과 인재를 국가 경쟁력으로 생각하고, 2010년부터 소프트웨어 교육을 초/중/고 필수 과목으로 지정했고, 고등학생이 되면 C++, 자바스크립트 등의 실용 프로그래밍 언어까지 배웁니다.

2016년 바클레이 보고서에 따르면 인도가 배출하는 IT 인재는 미국의 10배 이상이라고 합니다. 이런 이유에는 인도가 코딩 능력뿐만 아니라 영어를 사용하는 개발자가 많은 것도 한몫합니다. 그리고

구글의 순다 피차이, 마이크로소프트의 사티아 나델라, 어도비의 산따누 나라옌과 같은 글로벌 IT 기업의 CEO 역시 모두 인도인입니다. 그런데 특이하게 글로벌 창업자 중 인도 출신은 단 한 명도 없습니다.

인도의 코딩 교육은 '창의성' 대신 '코딩 기술'에 좀 더 집중한 교육을 합니다. 어쩌면 현재 우리나라의 코딩 교육과 가장 유사할지 모릅니다. 우리나라 교육 역시 창의성보다는 코딩이라는 프로그래밍 기술 자체에 집중되기 때문입니다. 다만 인도 코딩 교육만의 특징이 더 있다면, 코딩 기술과 더불어 제품 중심의 사고와 경험을 가르치는데, 이건 굉장히 중요한 요소입니다. 실제 시장에서 기술을 구현하고 성공시키는 방법을 가르치기 때문입니다.

에스토니아의 코딩 교육

인구 130만이 안 되는 북유럽의 작은 나라 에스토니아. 이렇게 작은 나라 에스토니아가 디지털 강국, 4차 산업 혁명의 중심으로 유명해지기 시작했습니다. 사람들은 이제 에스토니아를 '북유럽의 실리콘 밸리', 'e-에스토니아'로 부릅니다.

마이크로소프트가 인수한 인터넷 영상 통화 솔루션 기업인 스카이프(SKYPE)도 에스토니아에서 창업했으며, 2003년 전자 정부를 구축하고 세계 최초로 선거에 전자 투표를 도입한 나라가 바로 에스토

니아입니다. 세계 최초로 인터넷 접속권을 인권으로 포함시켜 전국을 무료 와이파이 존으로 만들고, 5세 때부터 코딩 교육을 하는 것으로 알려져 있습니다. 에스토니아는 세계은행 디지털 국가 인덱스에서도 1위로 선정된 디지털 강국입니다.

또한 에스토니아는 전자 시민권을 발행해 에스토니아에 거주하고 있지 않은 외국인도 전자 시민권을 발급받아, 에스토니아 현지 법인 설립 및 은행 업무뿐만 아니라 유럽연합(EU) 내에서 공식 신분증으로 활용하도록 합니다.

1996년 에스토니아의 렌나르트 메리 대통령은 타이거 립 파운데이션을 세우고, 학교에서 최신 ICT 기술을 갖추고 SW 교육을 실시하도록 했습니다. 2012년부터는 '프로지타이거(ProgeTiger)'라는 정책을 도입하여 세계 최초로 조기 코딩 교육을 의무화하고, 각 학년에 맞는 코딩 교육을 진행합니다.

1~4학년(7~10세)

- 컴퓨터 사용법
- 컴퓨터 게임을 통한 프로그래밍 기초
- 그래픽 기반 프로그래밍 언어 교육(스크래치, 코드 등)

5~9학년(11~15세)

- 로봇 기초
- 텍스트 기반 프로그래밍 언어 교육
- 웹 프로그래밍 기초

10~12학년(16~18세)

- 고급 웹 프로그래밍(웹 사이트 및 애플리케이션 제작)

또한 학교에서는 수학과 과학 수업에 필수로 컴퓨터를 활용할 수 있도록 하는데 단순히 프로그래밍 언어를 외워 계산하는 것이 아니라, '모바일 보험을 들어야 할까?'와 같은 실생활의 문제 해결에 필요한 수학을 프로그래밍을 통해 가르칩니다. 즉, 코딩 교육을 통해 논리적·수학적 사고력과 창의성을 키워 주는 것이 교육의 핵심입니다. 에스토니아의 모든 학교는 로보틱스, 코딩, 모바일 애플리케이션(앱), 3D 설계, 멀티미디어 등 5개 분야 중 4개를 선택해 가르칩니다.

저는 아직
아이들에게
코딩을 가르치지
않습니다

Part 6

소프트웨어를
활용한
창의 교육

우리는 앞서 코딩 교육을 진행하는 대표적인 국가들의 교육 시스템을 살펴봤습니다. 국가마다 코딩 교육 시스템은 조금씩 차이가 있지만, 근본적으로 모든 국가가 코딩 교육을 통해 추구하는 핵심은 창의적인 사고를 가진 도전적인 아이로 키우는 데 있습니다. 그리고 코딩 기술에만 집중하는 것이 아니라 융합 교육을 통해 실생활의 많은 문제를 코딩이라는 기술을 활용하여 해결할 수 있도록 합니다.

빌 게이츠는 "코딩은 분야와 상관없이 모든 문제에 대한 새로운 해결책을 생각하는 힘을 길러 준다."고 말했습니다. 결국 코딩 교육은 '컴퓨팅 언어'를 가르치는 것이 아니라 '문제를 구조화하는 사고력'을 길러 주는 과정이라는 것입니다. 그렇다면 올바른 코딩 교육을 하려면 앞서 살펴본 선진 국가의 코딩 교육 시스템처럼, 우리도 최대한 어린 나이의 아이들에게 코딩을 교육해야 할까요? 아마 필자만큼 이 물음에 대해서 오랫동안 깊이 있게 고민한 사람은 많지 않으리라 확신합니다. 그만큼 필자는 코딩 교육의 중요성에 대해 너무 잘 알고 있기 때문입니다. 그 물음에 대한 해답을, 필자가 지금껏 필자의 아이들에게 적용했던 '개발자 아빠가 들려주는 우리 아이 소프트웨어 교육'과 함께 여러분에게 이야기하고자 합니다.

코딩보다는 창의력
- 너무 빨리 아이들에게 코딩을 가르치지 마세요

필자는 수많은 신입 개발자에게 코딩을 가르쳐 보았습니다. 정확히 말하자면, 수많은 신입 개발자에게 개발 업무를 할당하고 그들이 개발하는 코딩을 점검하고 그들의 역량을 향상시키려고 많은 고민과 다양한 방법을 적용해 보았습니다.

지금까지 만난 신입 개발자의 공통점은 자신이 구현할 수 있는 코딩 기술 수준이 부족하여, 애플리케이션을 이해한 대로 구현하지 못하고 자신의 코딩 기술 수준에 맞게 애플리케이션을 타협한다는 것입니다. 그리고 이런 일들이 반복되다 보면, 신입 개발자는 애초에 상상의 범위 자체를 자신이 가진 코딩 수준에 맞게 스스로 제약을 걸어 버린다는 것을 알았습니다.

신입 개발자에게 지금 개발해야 할 애플리케이션을 코딩, 즉 프로그래밍 언어로 작성하지 말고 모국어인 한글로 내용을 작성해 보라고 합니다. 그러면 신입 개발자는 프로그래밍 언어로 애플리케이션의 기능을 작성할 때보다, 훨씬 상세하고 자유롭고 풍부하게 한글로 애플리케이션의 기능을 작성합니다. 이렇게 개발자의 대다수가 자신이 실제 구현할 수 있는 코딩 기술의 범위 내에서만 상상하면서, 애플리케이션의 기능에 스스로 제약을 겁니다.

이러한 사실은 우리 아이들에게도 동일하게 적용됩니다. 코딩을 시작하는 순간 아이들의 모든 상상력은 자신이 구현할 수 있는 코딩 능력 안에서만 이루어집니다. 지금 아이들에게 중요한 것은 무한한 호기심과 상상력을 기르는 것입니다. 아이가 너무 이른 나이에 어설프게 배운 코딩 때문에, 자신의 상상력과 창의력에 제한을 두는 과오를 범해서는 안 됩니다. 아직 어린 나이에 코딩을 배워 자신이 구현할 수 있는 코딩 범위 내에서 주어진 문제에 대한 해답을 찾는 과정을 겪는다면, 아이들이기에 가질 수 있는 수많은 상상력이 가로막힐지도 모릅니다. 소프트웨어 기술은 아이들의 상상력을 키우는 곳에 활용되어야지, 너무 이른 나이에 기술을 먼저 익혀서 상상력을 가로막는 데 활용되어서는 안 됩니다. 이것은 세계적인 글로벌 기업의 창업가가 우리나라나 인도 같은 기술 교육 중심의 국가에서 나오지 않는 이유이기도 합니다. 우리나라 대다수의 초등학교에서는 블록 코딩(엔트리, 스크래치)을 가르칩니다. 블록 코딩은 프로그래밍 언어를 직접 입력하는 텍스트 코딩 방식이 아니라, 정해진 기능을 갖는 블록을 조립해서 프로그램을 개발하는 방식입니다. 블록 코딩은 내부적으로는 코드가 사용되지만, 겉으로는 아이들이 블록을 맞추는 방식으로 코딩하여 프로그래밍 언어를 모르더라도 프로그래밍 사고를 키울 수 있는 것이 장점입니다.

그렇다면 이런 블록 코딩 교육 방식은 아이들이 소프트웨어를 제대로 이해하기에 많은 도움이 될까요? '아니다.'라고 말하지는 않겠지만, 그렇다고 '맞다.'라고도 확신 있게 말하지는 못할 것 같습니다. 물론, 블록 코딩은 프로그래밍 언어를 배우지 않고도 아이들의 문제 해결력, 컴퓨팅 사고력을 키우는 데 도움이 되는 것은 맞습니다. 하지만 블록 코딩이 아이들의 상상력에 제약을 두는 것 역시 맞는 이야기입니다. 왜냐하면 블록 코딩은 미리 정의된 블록만을 사용하기 때문에 아이들은 각각의 블록이 무슨 기능을 하는지 확인하고 제공된 블록의 기능 안에서만 사고를 완성하기 때문입니다.

블록 코딩이 나쁘다는 것은 절대로 아닙니다. 프로그래밍 언어를 배워야 하는 아이들이 장벽 없이 쉽게 코딩을 접하는 것은 블록 코딩의 매우 큰 장점이라고 필자도 생각합니다. 하지만 여전히 블록 코딩의 제한된 기능은 아이들의 무한한 상상력을 방해할 수 있기에, 아이들의 코딩 교육에 대한 더 많은 고민이 필요한 것 같습니다.

여러분이 너무나도 잘 아는 테슬라의 CEO인 일론 머스크는 어릴 적 화성에 집을 짓겠다는 꿈을 가졌습니다. 일론 머스크가 어릴 때만 해도, 그때의 기술로는 절대로 화성에 집을 지을 수도, 화성에 갈 수도 없었을 때입니다. 하지만 일론 머스크는 그 꿈을 갖고, 끊임없이 상상하고 노력했으며, 얼마 전 그의 또 하나의 회사인 '스페이스 X'를 통해 민간인 최초로 우주선을 발사하는 데 성공하였습니다.

상상력은 가능하거나 불가능한 영역이 아닙니다. 지금 당장의 기술로는 불가능한 일도, 미래에는 가능한 일이 될 수 있습니다. 누군가는 깊은 상상력을 통해 꿈을 키우며, 불가능한 일이 가능해지도록 노력합니다. 우리 아이들에게 지금 당장 필요한 것은 이처럼 기술에 구애받지 않는 상상력과 창의력을 키우는 일입니다.

이 책은 아이들의 상상력을 키워 주도록 소프트웨어 교육을 하지 말자는 것이 아니라, 아이들의 상상력을 더 깊고 넓게 키워 주도록 소프트웨어 교육을 하자는 것입니다. 그럼 우리 아이들에게 어떤 방식으로 소프트웨어 교육을 해야 할까요? 아마 대부분의 부모는 우리 아이가 소프트웨어 교육을 통해 창의적이고 도덕적인 아이로 성장하기를 바랄 것입니다. 필자 역시 그런 생각으로 아이들과 함께 소프트웨어 공부를 했었는데요, 지금부터 우리 아이들과 했던 소프트웨어 공부법을 공유하겠습니다.

아이들의 창의력을 향상시키는 소프트웨어 도구들

소프트웨어는 아이들의 창의력을 향상시키는 도구이자, 아이디어를 실현시키는 강력한 무기입니다. 그러나 아이들을 당장 마치 프로그래머로 키울 것처럼 코딩을 가르칠 필요는 없습니다. 모두가 다 프로그래머가 될 필요는 없기 때문입니다. 아이들이 만들려는 창작물이나, 자주 하는 활동에 사용되는 소프트웨어에는 무엇이 있고, 어떤 소프트웨어가 적합한지 아이들이 먼저 알고 적용하는 것이 매우 중요합니다. 자신이 하는 활동에 소프트웨어가 도움이 된다는 것을 깨닫고 나서야 아이들은 그 소프트웨어가 어떻게 동작되고, 어떻게 만들어지는지 궁금증을 갖기 때문입니다. 소프트웨어가 도움이 된다는 것을 깨닫고 나서야 그 소프트웨어가 어떻게 동작되고, 어떻게 만들어지는지에 대해 아이들은 궁금증을 갖기 때문입니다.

아이의 그림이 작품이 되면: Procreate

아이들은 어려서부터 본능적으로 그림 그리는 것을 좋아합니다. 필자의 아이들 역시 어려서부터 그림을 자주 그렸고, 아이들이 그린 그림 중에 필자가 봐도 멋진 그림은 가끔 주변 지인들에게 자랑하기도 했습니다. 부모라면 누구나 한 번쯤 이런 팔불출 행동을 해 보았을 것입니다. 필자는 아이들의 그 그림들이 그냥 버려지는 게 아까웠습니다. 그래서 옷으로 만들어서 아이들에게 기쁨을 선물해 주고 싶었습니다. 자신이 직접 그린 그림의 옷을 입으면 아이들이 기뻐하는 것은 물론이고, 그림에 재미와 흥미를 더 느낄 수 있을 것 같았습니다.

먼저 아이들이 그린 그림을 스마트폰 카메라로 사진을 찍고, 디자인 프로그램 중의 하나인 '스케치'란 프로그램을 이용해서 아이들이 그린 그림을 바탕으로 그 위에 선으로 따라 그렸고, 아이들의 그림을 디지털 이미지로 변환하는 작업을 진행했습니다. 필자는 디자이너가 아니라서 이런 툴을 다루는 게 처음에는 쉽지 않았지만, 막상 그림 하나를 완성하고 나니, 다음 그림부터는 1시간 정도 작업하면 아이들의 그림을 디지털 이미지로 옮길 수 있었습니다. 그렇게 아이들이 그린 그림을 디지털 이미지로 바꿔, 옷을 제작하는 웹 사이트로 옷을 만들어서 아이들에게 선물해 주기 시작했습니다.

아이들은 자기가 직접 그린 그림의 옷을 보고 너무나 신기해하고 기뻐했습니다. 그다음부터 아이들은 그림 그리는 것을 더욱 즐기고, 그림을 그릴 때마다 옷을 만들어 달라고 졸라 대곤 했습니다. 아이들이 열심히 그린 그림이 한 번 보고 잊혀지는 것이 아니라, 옷이란 제품으로 제작되고 그 옷을 직접 입어 본 아이는, 이미 자신이 가진 재능이 제품이 되는 것을 경험했기 때문에 그 기억은 오랫동안 아이의 창의 활동에 도움을 줍니다. 그리고 무엇보다 자기가 그린 그림의 옷을 입는 것을 아이들은 무척 좋아했습니다.

필자는 아이들이 그린 그림으로 조금 더 아이들의 창의력을 키워 주고 싶었고, 이때 IT 기술은 아이들의 창의력을 키워 주는 도구로 활용되어야 한다고 생각했습니다. 그래서 아이가 그린 그림을 디지털 이미지로 만들어 옷을 만드는 것에 그치지 않고, 아이들과 동화를 만들어 보는 시도를 했습니다.

동화를 만드는 것도, 먼저 아이가 그린 그림을 디지털 이미지로 변환하는 작업을 거쳐야 합니다. 그리고 변환된 디지털 이미지를 복사해서 여러 개로 만들거나, 색상 또는 크기, 각도를 바꾸는 등 이미지를 반전시키는 다양한 작업을 자유롭게 합니다. 그렇게 아이들 각자가 그린 그림을 디지털 이미지로 변환한 후, 하나의 공간 안에 자유롭게 배치해서 아이들과 즉석에서 이야기를 만들어 보는 시간을 가졌습니다. 아이들은 그림만 가지고도 다양한 조합을 만들어 냈고, 아이들이 재밌는 이야기를 만들어 내는 과정을 보면서 그들의 풍부한 상상력에 다시 한번 감탄했습니다. 그리고 지금 하는 이 활동이 아이들에게 얼마나 좋은 영향을 주는지 필자는 확신할 수 있었습니다.

다음은 아이들이 자신의 그림을 가지고 만든 이야기입니다.

은서 "엄마를 잃은 아기 코끼리가 엄마를 찾아 세상을 돌아다녀."

은혁 "가파른 언덕을 넘고,
아주 멀리멀리 엄마를 찾아가."

은솔 "와, 엄마를 만났다. 아기 코끼리가 엄마를 찾아서 너무 기뻐. 엄마도 너무 좋은가 봐."

그림 그리기 활동이 아이들에게 얼마나 많은 긍정적인 영향을 주는지는 모두 잘 아는 사실입니다. 앞서 소개한 소프트웨어를 통해 아

이들의 그림이 디지털 이미지로 바뀌고, 다양한 스토리나 상품으로 재창조되는 과정을 통해 그림 그리기 활동이 주는 긍정적인 영향은 배가 되었습니다.

자신이 혼자 그리고 끝나는 그림, 부모님에게만 보여 주고 끝나는 그림이 동화책이 되고 친구들에게 선물로 줄 수 있는 스티커가 되는 과정을 경험하면서 아이들은 자존감이 높아질 뿐만 아니라, 최고의 상상력과 창의력을 발휘할 수 있는 기회를 갖습니다. 그림 그리기 활동이 아이에게 미치는 긍정적인 영향은 정말 많지만, 그중에서도 필자가 가장 크게 느꼈던 3가지 정도를 이야기하려 합니다.

1. 상상력과 창의력 향상

그림 안에서는 무엇이든 가능합니다. 구름빵을 먹고 하늘을 날 수도 있고, 세상을 지키는 정의로운 슈퍼맨이 될 수도 있습니다. 그림 안에서는 어떤 것도 가능합니다. 꼭 하늘이 파란색일 필요도 없으며, 나무가 초록색일 필요도 없습니다. 그림은 그 어떤 제약도 주지 않아, 아이들은 최소한 그림 안에서만큼은 그 어떤 것도 구애받지 않고 자유롭게 상상하고, 새로운 것을 창조해 냅니다.

2. 집중력 향상

아이들이 그림을 그릴 때는 짧게는 5분, 길게는 30분 이상, 그림 하나를 완성하려고 온전히 집중하는 시간을 갖습니다. 집중하는 시간을 자주 갖고, 한 번에 집중하는 시간을 차츰차츰 늘리는 것은 아이가 자라면서 하는 공부를 포함한 다양한 활동에 매우 중요한 역량이 됩니다.

3. 주의 깊은 관찰 능력 향상

자신의 그림이 옷이 되고, 스티커로 제작되는 경험을 한 아이는 그림을 그릴 때, 확실히 이전보다 그릴 대상을 좀 더 주의 깊게 관찰하는 모습을 보았습니다. 많은 사람이 보게 되는 옷, 친구들에게 선물하는 스티커는 아이들이 그린 그림이 작품(상품)이 되는 과정의 결과물입니다. 그 결과물의 기쁨을 경험한 아이들은 내 작품을 아름답게 만들려고 더 많이 노력합니다. 하루는 아이가 그린 그림을 스티커로 제작해서 선물해 주었습니다. 그날 아이의 반응은 정말 뜨거웠습니다. 옷으로 만들어 주었을 때와는 반응이 또 달랐습니다. 아이는 스티커를 장난감, 노트, 옷 등 자기 물건에 모두 붙이기 시작했습니다.

어느 정도 시간이 흐른 뒤, 필자는 의도적으로 아이의 그림을 디지털 이미지로 변환해 주는 빈도를 줄이기 시작했습니다. 아이들이 만들어 달라고 요청하면, 바로 해 주던 것도 일부러 며칠 후에 해 주며, 아이들의 요청 사항을 조금씩 누락시키기 시작했습니다.

"아빠, 왜 안 만들어 줘? 아빠, 많이 바빠? 이 그림도 스티커로 만들어 주면 안 돼?"

아이가 조바심을 느낄 정도로 작업해 주는 빈도를 줄였고, 드디어 아이에게서 원하는 대답을 얻을 수 있었습니다.

"아빠, 그거 하는 거 어려워? 나도 배우고 싶어. 내가 배워서 직접 해 볼래."

아이가 필자에게 이렇게 말했을 때는, 이미 아이는 자신의 의지로 너무나 배우고 싶어진 것입니다. 그래서 필자는 아이에게 최대한 쉽게 아이의 그림을 디지털 이미지로 변환하는 방법을 가르쳐 주었습니다. 아이는 당장 복잡한 디자인 툴을 사용할 수는 없어서 자신이 그린 그림을 카메라로 사진을 찍고, 아이패드(태블릿) 앱에 업로드한 후 애플 펜슬을 이용해서 그림 위의 선을 따라 그리면 디지털 이미지로 바꿔 주는 앱을 사용했습니다.

이때 필자가 사용한 앱은, 'Procreate'입니다. Procreate 앱은 아이패드 전용 앱이고, 전 세계에서 가장 많이 판매된 드로잉 앱 중의 하나입니다. 아이들이 그린 그림을 사진으로 찍고 올린 후 펜슬을 이용해서 따라 그리면 되는, 가장 쉽게 디지털 이미지로 바꾸는 방법입니다. 아이들이 이런 그림 그리는 앱을 이용하면, 종이에 그리던 그림과는 또 다른 매력을 경험하게 됩니다.

그리던 그림을 쉽게 지우고, 색상도 이것저것 마음대로 바꿔 보고, 한 번 그린 그림은 복사해서 여러 군데 붙여 넣고, 크기 조절도 되고, 아이들 각자가 그린 그림을 하나의 그림 안으로 옮겨 와서 넣을 수도 있기 때문입니다. 기존에 그림을 종이에 그리던 것과는 또 다른 경험

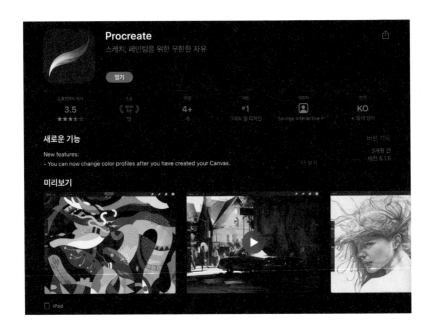

과 또 다른 유형의 창의력, 상상력이 발휘됩니다.

또한 앱에서는 다양한 형태의 펜 스타일을 제공하여 다채로운 효과의 그림을 그리는 것이 가능합니다. 필자가 Procreate 앱을 사용할 때 앱에서 제공하는 펜의 종류가 굉장히 많았음에도, 필자는 일반펜, 연필, 붓, 마커 이렇게 4가지 종류의 펜 스타일만 사용했습니다.

앱에서 다양한 종류의 펜 스타일을 제공했지만, 사실 필자는 이 4가지 이외의 펜을 활용할 생각을 하지 않았습니다. 그리고 다른 펜이주는 새로운 느낌에 대해서도 고민하거나 기대해 본 적이 없었습니다. 그런데 놀랍게도 은서는 Procreate 앱에서 제공하는 모든 펜 스

타일을 하나하나 선택해서 그림을 그리는 데 사용해 보고, 어느 순간엔, 각각의 펜의 특성을 이해하고 자기가 그리는 그림에 잘 활용할 줄 알았습니다. 때로는 물(바다)의 질감을 잘 표현하는 펜을 선택하고, 때로는 바위의 느낌을 잘 살려 주는 펜을 선택하고, 때로는 점토 느낌의 펜을 선택해서 그림을 그렸습니다.

이때 깨달은 것은 이미 오랜 학습을 통해 굳어진 사고를 가진 어른들은 사용해 본 적이 있는 것에만 익숙함을 느껴, 새로운 것을 사용하는 것에 본능적인 거리감을 가지지만 아이들은 새로운 환경에 적응하고 새롭게 주어진 것들을 활용하는 데 주저하지 않는다는 것을 알았습니다.

그래서 어른은 아이들에게 마음껏 놀 공간을 제공하는 것만으로도 아이들은 스스로 성장한다는 확신을 가졌습니다.

영상 촬영과 편집: VLLO

지금 우리는 집에 가만히 앉아서도 필요한 모든 것을 구입하는 시대에 살고 있습니다. 참 편리하지만, 한편으로는 그동안 우리가 직접 경험했던 많은 것을 더는 경험하지 못하게 되었습니다. 아이들과 시장에 가서 힘 있게 파닥거리는 생선을 보면서 느끼는 경험, 마음에 드는 옷을 사려고 옷 가게를 몇 번이나 돌고 도는 경험 등이 그렇습니다. 그래도 우리는 최소한 이런 경험에 대한 기억이 있지만, 우리

아이들은 점점 이렇게 몸으로, 오감으로 느끼는 경험의 기회가 줄어
듭니다.

그런 면에서 영상 촬영과 편집 활동은 아이들이 가만히 집 안에
서, 책상 위에서 하는 정적인 활동이 아니라 직접 자연에 나가 많은
것을 보고 느끼는 활동이 결합된 형태여서 우리 아이들과 즐겁게 하
는 놀이 중 하나입니다.

필자는 IT 기술 관련 강의를 제공하는 "개발자의 품격"이란 유튜
브 채널을 운영합니다. 그리고 세 아이의 아빠이다 보니, 아이들과
놀러 나갈 때마다 자연스럽게 영상을 촬영하는 일이 많습니다. 아이

들의 영상을 찍다 보니, 영상 편집에 대한 욕심이 생기기 시작했고, 직접 영상을 편집하는 일이 많아졌습니다.

필자가 영상을 편집하면서 느낀 것은, 필자가 찍어 온 영상 중의 대부분이 비슷한 장면을 계속 촬영하고, 실제 영상 편집을 할 때 많은 부분이 버려진다는 것입니다. 제일 처음 영상 편집한 날, 2시간 넘게 촬영한 영상에서 편집을 통해 최종 영상으로 나온, 그러니까 쓸 만한 영상은 채 5분도 되지 않는다는 것을 발견하고 얼마나 허무했는지 모릅니다. 그다음부터는 아이들과 영상을 촬영할 때마다, 다양한 각도로 찍으며 장소에 맞는 스토리를 만들어 전체적인 그림을 구상했습니다. 그리고 아주 섬세한 부분도 놓치지 않고 관찰하여 영상에 담았습니다. 이런 활동을 통해서 영상 촬영과 편집 활동이 창의력과 집중력, 관찰력에 얼마나 좋은지 몸소 경험하고 알게 되었습니다. 이것은 필자가 경험하는 것이 비단 성인뿐만 아니라, 아이들에게도 너무 좋을 것 같다고 생각했고, 그래서 아이들이 영상 촬영과 편집을 직접 하도록 아이들을 도왔습니다.

"영상 콘텐츠 시대, 콘텐츠 소비자에서 콘텐츠 크리에이터로"

콘텐츠를 일방적으로 제공받는 소비자에서 콘텐츠를 직접 제작하는 크리에이터가 되는 순간, 아이들의 창의력은 극대화됩니다. 우리 가족은 특별한 일이 없는 한, 매 주말마다 가까운 근교로 나들이를 갑니다. 제주도는 조금만 나가도 바다와 아름다운 오름이 많아 아이들의 정서에 매우 좋은 곳입니다.

일단 필자가 재밌게 만든 영상을 보고 아이들도 촬영/편집에 흥미를 느껴, 아이들에게 직접 촬영해 보라고 이야기했을 때, 아이들 모두 긍정적인 반응을 보였습니다. 아이들의 첫 촬영 이야기를 해 보자면, 우리는 오름을 갔고 오름을 오르내리는 동안 첫째 은혁이와 둘째 은서는 같이 놀러 간 이모 가족과 동생 은솔이를 열심히 촬영하면서도 오름의 아름다운 자연도 빠짐없이 영상에 담았습니다. 이미 아이들은 유튜브를 통해 많은 영상을 봤기 때문에, 자신이 보기에 좋은 장면들을 생각하며 열심히 촬영하기 시작했습니다.

첫째 은혁이는 자신이 생각하는 다양한 구도로 이곳저곳을 촬영했는데, 자연을 중심으로 영상에 담았습니다. 둘째 은서는 자연보다는 사람에 더 집중하며 촬영했습니다. 약 2시간의 영상을 촬영했고, 집에 돌아와서는 각자 자기가 촬영한 영상을 이용해서 본격적으로 영상을 편집하기 시작했습니다.

영상 편집 툴은 여러 가지가 있습니다. 대표적인 영상 편집 툴로는 어도비의 '프리미어', '파이널컷프로' 같은 앱이 있지만, 이 2개의 툴은 매우 전문적이어서 아이들이 사용하기에는 너무 배워야 할 게 많습니다. 그래서 필자는 아이들의 영상 편집 툴로 'VLLO'라는 앱을 사용했습니다. VLLO는 매우 직관적이고, 너무 전문적이지도 않아서 아이들이 처음 사용하기에 적합한 앱입니다.

아이들에게 다음과 같은 단계를 통해 영상 편집 방법을 가르쳤습
니다.

- 1단계: 촬영된 영상 시청하며, 스토리 생각하기
- 2단계: 영상 자르기
- 3단계: 영상 순서 재배치
- 4단계: 배경 음악 넣기
- 5단계: 타이틀, 자막, 라벨, 그 외 효과 넣기

1단계: 촬영된 영상 시청하며, 스토리 생각하기

보통 촬영 영상이 1시간을 넘어가서, 촬영된 영상을 처음부터 끝

까지 세세하게 보는 것은 쉬운 일이 아닙니다. 더군다나 이미 자신들이 다녀왔고, 촬영을 끝낸 영상을 처음부터 끝까지 다시 본다는 것은 아이들에게 굉장히 많은 인내를 요구하는 일입니다. 그래서 영상 길이에 따라서 촬영된 영상을 처음부터 끝까지 보기도 하고, 2배속 혹은 4배속으로도 영상을 보게 했습니다. 필자도 영상을 촬영할 때 많이 경험했던 부분이지만, 아이들이 이미 자신이 촬영한 영상을 다시 보면서 "이런 장면이 있었나? 이런 게 있었나?"와 같은 말을 많이 한다는 것입니다. 영상을 찍은 자신도 모르는 장면이 나오는 것이죠. 이 과정은 영상 편집을 떠나서 아이들이 주변을 좀 더 유의 깊게 보고, 세밀하게 관찰할 수 있는 데에 큰 도움을 줍니다.

그리고 아이들은 자신만의 편집 스토리를 생각하면서 머릿속에서 영상 편집을 합니다. 최종 편집 영상에 담길 장면을 머릿속에서 구상하면서 아이들은 스토리를 만듭니다. 이 작업을 통해, 아이들은 스토리를 구현해내는 상상력과 창의력을 키워갈 수 있습니다.

2단계: 영상 자르기

영상 촬영을 하고 나면 일반적으로 1~3시간짜리 동영상이 생성됩니다. 제일 먼저 아이들에게 어떤 스토리로 영상을 제작할지 생각하게 한 후 최종 영상은 5분 이내가 될 수 있게, 전체 영상에서 필요한 부분을 제외하고는 모두 삭제하라고 했습니다. 제일 처음 편집한 날을 생각해 보면, 아이들은 자신이 촬영한 영상을 5분 이내로 줄이는 것을 매우 힘들어했고, 결국 약 20분 정도의 영상을 남겼습니다. 그 이유는 일단 아이들은 영상을 어떤 스토리로 만들지, 스토리에 대한 구상이 없어서 촬영 영상 컷들 하나하나에서 일단 괜찮다고 생각되는 부분은 모두 남겨 두기 때문입니다. 그리고 아이들은 자신들이 애써 촬영한 영상을 과감히 버리는 것을 매우 아까워합니다.

그래도 2단계인 "영상 자르기" 작업을 하다 보면 아이들은 자신이 촬영한 영상에 비슷한 장면이 굉장히 많고, 자신의 영상이 TV나 유튜브 같은 다른 영상들과 비교했을 때, 너무 지루하다는 것을 발견합니다.

"다음에 촬영할 때는 위에서도 찍고 아래에서도 찍고, 좀 다양한 각도로 찍어야겠어."

"난 너무 사람만 찍었네. 자연도 좀 찍을걸."

"난 너무 자연만 찍었어. 힘들어하는 엄마랑 은솔이 뛰어다니는 것도 좀 찍을 걸 그랬어."

이렇게 한 번 경험한 아이들은 두 번째 촬영부터는 촬영하는 장면과 각도 등 영상 속 요소들이 확연히 달라집니다.

2단계인 "영상 자르기"를 통해 아이들은 집중해야 할 부분, 스토리 라인, 핵심을 선별하는 능력을 키웁니다. 그리고 사물을 다양한 각도에서 바라볼 줄 아는 시야를 가집니다.

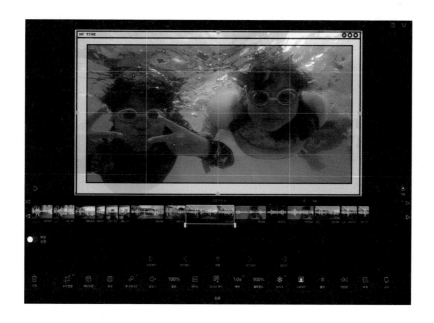

3단계: 영상 순서 재배치

영상 순서를 재배치하면서 본격적인 아이들만의 스토리 구성이 시작됩니다. 순차적으로 촬영된 영상을 스스로가 생각한 스토리라인에 맞게 꾸미기 위해, 아이들은 찍은 순서와 상관없이 영상들을 재배치하기 시작합니다.

사실 제일 좋은 건 이미 머릿속에 영상 스토리를 구상한 상태에서 2단계인 영상 자르기와 3단계인 영상 순서 재배치를 하는 것이 좋습니다. 하지만 처음부터 이렇게 하기는 매우 어렵습니다. 보통 아이들은 3단계인 영상 순서를 재배치하면서 2단계에서 잘라 버린 영상을 아쉬워하거나 다시 가져오려고 합니다. 막상 영상 재배치를 하면서 스토리라인을 구성하려고 하니, 2단계에서 중요하다고 생각하고 남겨 둔 영상이 필요 없어지거나 잘라서 삭제한 영상이 필요해지기도 하기 때문이죠. 이걸 경험하면, 아이들은 다음 영상 편집 때는 처음부터 어떤 스토리의 영상을 만들지 고민하고 편집 작업을 시작합니다.

3단계인 영상 순서 재배치 작업은 시간의 흐름에 따라 순차적으로 촬영된 영상을 시간이라는 틀에서 벗어나, 자유롭고 새롭게 상상할 수 있는 순간입니다. 보통의 아이들은 시간이라는 순서를 벗어날 수 있다는 생각을 잘하지 못하기 때문에 3단계를 진행하면서 아이들의 사고에 큰 변화가 일어납니다.

4단계: 배경 음악 삽입하기

영상의 재배치가 끝났다는 것은 아이들이 구상한 스토리에 따라 영상이 만들어졌다는 의미입니다. 동일한 영상에 어떤 음악을 삽입하느냐에 따라 영상이 주는 느낌은 전혀 달라지므로 배경 음악을 결정하는 것은 매우 중요한 일입니다. 동일한 영상이라도 분위기 있는 잔잔한 음악을 배경으로 넣었을 때와 비트가 빠른 음악을 넣었을 때 그 느낌이 완전히 달라집니다. 그리고 같은 음악 안에서도 리듬, 템포, 음의 높낮이 등 변화가 일어나는 부분이 있습니다. 이런 변화에 맞는 적절한 장면이 배치되었을 때 영상이 주는 느낌은 훨씬 풍부해집니다.

음조가 높거나 리듬이 빠른 사운드는 긴장감을 유발시키고, 낮은 음조의 사운드는 잔잔함과 신비스러움 등 영상 속 장면에서 다양한 효과를 연출합니다. 아이들은 편집한 영상에 어떤 음악을 넣을지 찾아보면서 굉장히 다양한 음악을 듣는 경험을 하고, 그 음악의 분위기를 느끼는 것은 물론이고 감수성에도 큰 자극을 줄 수 있습니다.

5단계: 타이틀, 자막, 라벨, 애니메이션 등 효과 넣기

영상뿐만 아니라 자신이 쓰는 글에 대한 타이틀, 즉 제목을 정하는 건 어쩌면 가장 어려우면서도 중요한 작업입니다. 우리는 "제목이 다 했다."는 말을 들을 때가 많습니다. 우리가 소비하는 영상이나 책과 같은 콘텐츠에서 제목이 차지하는 비중은 굉장히 큽니다. 그렇기 때문에 영상에 알맞은 제목과 적절한 자막을 달기 위해 고민하는 이 과정은, 아이들이 자신의 생각을 알맞게 정리하고 표현할 수 있는 의사소통 능력에 큰 도움이 됩니다. 또한 세밀한 작업을 통해 심세한 미적 감각을 키울 수 있으며, 편집 도구를 사용하는 능력도 기를 수 있습니다.

단순히 유튜브를 비롯한 영상 매체가 많아지고, 소비할 영상 콘텐츠가 많아져서, "영상의 시대"라는 말을 사용하는 것이 아닙니다. 영상의 시대는 예전에는 당연시되던 블로그, 일기, 리포트, 회사 보고서 등이 영상으로 대체되어 개인이 직접 제작해야 하는 시대를 말합니다.

위의 모든 단계를 보면 아시겠지만, 영상 콘텐츠를 만드는 일은 대단한 창의성을 요구하는 작업입니다. 그렇기 때문에 앞으로 영상 제작 능력은 우리 아이들이 가져야 할 필수 능력 중 하나입니다.

이미지로 이야기 전하기: Adobe Spark Post

글쓰기 능력이 얼마나 중요한지는 많은 분이 이미 잘 알고 있을 것입니다. 그리고 미디어 시대에 사는 우리 아이들에게는 글쓰기만큼 중요한 것이 자신의 생각을 시각화할 줄 아는 능력입니다. 글을 잘 쓰는 아이가 꼭 시각화를 잘한다고 말할 수는 없습니다. 왜냐하면 시각화를 잘하려면 글의 맥락을 이해하고 스토리화하는 것뿐만 아니라, 그래픽을 이용한 직관적인 의미 전달과 표현 능력까지 필요하기 때문입니다.

우리가 일상생활에서 보는 책, 잡지, 영화 포스터, 의류 광고 전단지 등에는 소비자를 유혹하는 아주 강력한 메시지가 담겨 있습니다. 아마 지금 이 글을 읽는 독자 역시 그런 포스터를 보고 구매의 유혹에 빠져 본 적이 있을 것입니다. 소비자의 마음을 훔치는 간결하면서도 강렬한 문구, 매력이 돋보이는 이미지들은 그냥 만들어지지 않습니다.

필자는 유튜브 채널을 운영합니다. 유튜브에 영상을 업로드하려면, 영상뿐만 아니라 영상 제목, 설명 그리고 섬네일 이미지를 등록

Adobe Spark Post 4+

어디에서나 그래픽, 스토리 및 비디오를 쉽게 제작

Adobe Inc.

그래픽 및 디자인 앱 19위
★★★★★ 4.8 · 2.2천개의 평가

무료 · 앱 내 구입 제공

스크린샷 iPhone iPad

해야 합니다. 이때, 유튜브 사용자의 시선을 끄는 데 가장 중요한 것
은 섬네일 이미지입니다. 아직 우리의 영상을 시청하지 않은 사람
의 시선과 마음을 사로잡기 위해서는 매력적인 섬네일 이미지를 만
들어야 합니다. 그리고 필자는 유튜브 섬네일, 페이스북/인스타그램
홍보 이미지 같은 매력적인 이미지를 만드는 작업을 할 때, '어도비
스파크 포스트(Adobe Spark Post)'라는 앱을 사용합니다.

템플릿 제공

어도비 스파크 포스트의 가장 큰 장점 중의 하나는 사용자들이 만든 굉장히 다양한 템플릿을 제공한다는 것입니다. 주제에 맞는 포스터를 검색을 통해 찾아보고, 해당 포스터를 그대로 가져와서 약간 변경하여 사용할 수 있습니다. 주제별로 전문가들이 만들어 놓은 포스터를 검색하고 사용하다 보면, 디자인 감각과 함께 포스터를 만드는 능력이 키워집니다.

각종 플랫폼에 최적화된 레이아웃 사이즈 제공

요즘은 거의 페이스북, 유튜브, 인스타그램 같은 SNS에 이미지를 많이 업로드합니다. 이때, 어도비 스파크 포스트를 사용하면 레이아웃 크기를 설정할 때, 자신이 만든 포스터를 어떤 플랫폼에 업로드할 지 선택할 수 있습니다. 플랫폼을 선택하면, 선택한 플랫폼에 최적화 된 레이아웃에 맞춰 포스터의 크기가 자동 변경됩니다. 아마 SNS에 이미지를 업로드한 경험이 있다면, 자신이 업로드한 이미지가 해당 SNS 플랫폼에 적합한 크기가 아니어서 비율이 맞지 않아, 잘려 나오 거나 이미지의 중앙이 맞지 않은 경우가 있었을 겁니다. 하지만 어도 비 스파크 포스트를 이용하면 플랫폼별로 사이즈를 어떻게 제작해 야 할지 매번 찾아볼 필요도 없고, 자신이 직접 크기를 조절하지 않 아도 되기 때문에 매우 편리합니다.

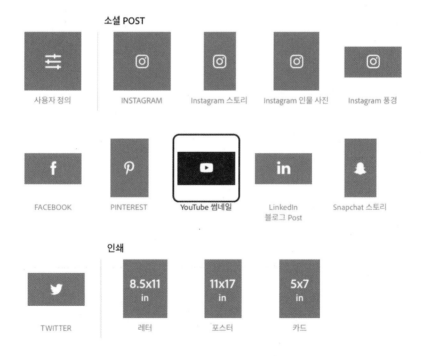

자동 추천 스타일

또한 어도비 스파크 포스트는 포스터 배경이 어떤 색상이냐에 따라 텍스트 스타일, 텍스트 색상을 자동으로 추천해 줍니다. 전문가들이 미리 정의한 색상 조합 세트를 제공해 주는 것이기 때문에, 필자처럼 디자인 감각이 부족한 사람이 사용하기에 용이합니다.

사진(이미지) 배경 제거

사진 첨부 기능 중에 정말 좋은 기능은 버튼 하나만으로 사진의 배경을 제거할 수 있다는 것입니다. 포토샵 같은 전문 툴을 이용하지 않더라도, 자신이 원하는 포스터를 가장 빠르고 쉽게 만들 수 있습니다. 또한 전 세계 전문가들이 다양한 주제별로 미리 만들어 놓은 포스터를 이용하면서 전문가 수준의 디자인을 보고 영감을 얻을 수도

있습니다. 아래의 이미
지는 둘째 은서가 은솔
이의 생일날 어도비 스
파크 포스트로 만든 생
일 축하 포스터입니다.

평면에서 공간으로: 3D 프린터

산업용으로만 사용되던 3D 프린터의 가격이 하락하고 가정용 3D 프린터가 공급되면서 이제 집에서도 누구나 손쉽게 3D 프린터를 이용한 메이커(제조) 활동을 할 수 있습니다.

그런데 3D 프린터로 출력하려면 3D 모델링 파일이 필요합니다. 아이들에게 처음부터 3D 모델링하는 방법을 가르치고, 직접 모델링한 파일로 출력하게 하면 아이들은 배우는 과정에서부터 지루함을 느끼고 흥미를 잃습니다. 그래서 처음에는 아이들이 좋아하는 제품을 검색하고 출력해서 제품을 먼저 경험해 볼 수 있도록 하여, 아이들의 흥미를 유발하는 것이 좋습니다.

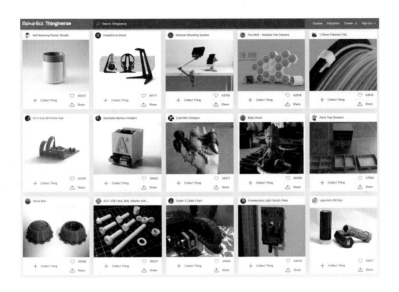

Thingiverse(https://www.thingiverse.com)는 3D 모델링 파일을 무료로 다운로드할 수 있는 가장 유명한 웹 사이트입니다. Thingiverse에는 약 160만 개의 3D 모델링 파일이 등록되어 웹 사이트에서 검색을 통해 원하는 3D 모델링 파일을 쉽게 찾아서 사용할 수 있습니다. 그리고 전 세계의 메이커들이 등록한 기발한 아이디어의 3D 모델링 파일을 아이들과 같이 보는 것만으로도 아이들의 창의력을 기르는 데 매우 도움이 됩니다.

처음에는 아이들과 등록된 3D 모델링 파일 중에 가장 인기 있는 파일 순으로 정렬한 후 1위부터 20위까지 인기 있는 파일을 하나하나 들어가서 확인했는데, 아이들이 전부 다 출력해 달라고 할 정도로 재밌어하는 모습을 확인했습니다. 이렇게 처음에는 아이들과 이미

메이커들이 만들어 놓은 3D 모델링에서 원하는 것을 찾아 출력해서 사용했습니다.

아래 이미지의 3D 모델링 파일은 유료로 판매하지만 굉장히 창의적인 디자인 중의 하나입니다. 3D 모델링 파일로 제공되는 것은 사진에 있는 흰색 지지대입니다. 여기에 풍선을 씌우고 물을 부으면 절대 깨지지 않는 꽃병이 완성됩니다. 집 안에 꽃병을 두면 부모 입장에서는 혹시나 아이들이 건드려서 깨지거나 다치지 않을까 걱정될 때가 많습니다. 하지만 이 제품은 풍선으로 되어 깨질 염려나 그로 인해서 아이들이 다칠 염려를 할 필요가 없습니다. 그리고 풍선 색상만 바꿔 주면 다양한 색의 꽃병을 마음대로 연출할 수 있습니다. 필자 역시 이 제품을 보면서 3D 모델링 파일 자체만으로 제품을 생

각했던 사고가 깨지고, 풍선 같은 다른 제품과의 융합을 통해 새로운 형태의 제품을 만들 수 있는 3D 프린터의 가능성을 다시 한번 확인할 수 있었습니다. 3D 프린터로 다양한 제품을 출력해서 사용하다 보니 어느 순간 아이들도 3D 모델링 파일을 직접 만들고 싶어 하는 욕심을 보였고, 아주 간단한 형태는 아이들도 직접 만들어서 출력하기 시작했습니다. 3D 프린터의 가장 큰 장점은 아이들의 상상을 만질 수 있는 물체(제품)로 바로 출력해 볼 수 있다는 것입니다.

Tinkercad(https://www.tinkercad.com)는 3D 모델링 파일을 쉽게 만들도록 도와주는 웹 사이트입니다. 아이들은 Tinkercad를 통해서 간단한 3D 모델링을 직접 하기 시작했습니다. 그리고 Tinkercad에서는 새로운 창작물을 디자인하거나 이미 다른 메이커가 만든 3D

모델링 파일을 불러와서 일부분을 편집하여 사용할 수 있습니다. 때문에 아이들 입장에서는 이미 잘 만들어진 3D 모델링에 자신의 이름을 새기거나 자신이 좋아하는 모양을 추가하는 등 아주 작은 활동만으로도 높은 만족감을 느낄 수 있었습니다. 물론 전문가 수준의 3D 모델링은 하지 못하지만 간단한 형태여도 직접 자신이 디자인한 3D 모델링 파일을 출력해서 사용하는 것은 또 다른 성취감과 흥미를 주기에 충분한 활동입니다.

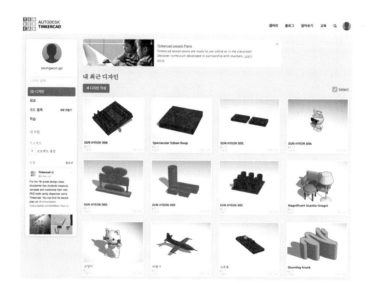

첫째 은혁이가 가장 처음 직접 모델링한 3D 파일은 주사위였습니다. 주사위는 정육면체 상자에 원통을 이용해서 각 면에 구멍을 만들면 되기 때문에, Tinkercad의 기본 모양을 이용해서 쉽게 만들었

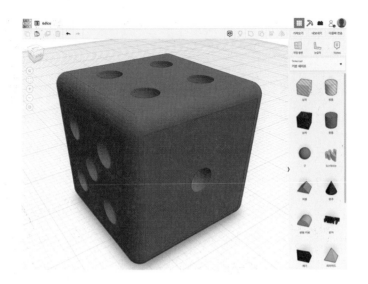

습니다. 주사위는 아주 간단한 제품이지만, 은혁이는 스케치북 같은 2D 공간에서만 그림을 그려 보다가 처음으로 3D 입체 공간 안에서 디자인해 보는 경험을 무척 신기해했고, 직접 만든 주사위를 3D 프린터로 출력하고 나서는 한동안 자신이 만든 주사위만 사용했을 징도로 애착을 가졌던 첫 작품이었습니다.

3D 프린터를 이용하면 사진을 3D 형태로도 출력할 수 있습니다. 출력된 제품만 보면 굉장히 이상해 보이지만 빛을 비추면 근사한 작품으로 바뀝니다. 아이들과 추억하고 싶은 사진은 이렇게 3D 프린터로 출력하여, 아이들의 사진이 담긴 세상에 하나뿐인 조명 제품도 탄생시킬 수 있었습니다.

그리고 필자 가족은 매년 킨텍스에서 개최하는 '인사이드 3D 프

린팅' 박람회에 참석합니다. 3D 프린팅 행사에 자주 노출시켜, 아이들이 3D 프린팅 활동을 꾸준히 하도록 하기 위함입니다. 매년 참석할 때마다 점점 발전되는 다양한 형태의 3D 프린터를 직접 보

고, 플라스틱뿐만 아니라 금속, 세라믹 등 다양한 재료를 활용하여 출력된 제품을 보는 것만으로도 아이들의 흥미를 꾸준히 유지하는 좋은 방법입니다.

어린아이들이 3D 프린터 박람회에 참여하는 것이 신기했는지 전자 신문에서는 필자의 아이들을 사진 찍고 인터뷰하여 기사를 내기도 했습니다.

메이커 운동: 아두이노/센서

메이커 운동(Maker Movement)이라는 말은 미국 최대 IT 출판사 O'Reilly 공동 창업자였던 데일 도허티(Dale Dougherty)가 만든 말입니다. 데일 도허티는 『MAKE』라는 잡지를 통해 메이커 운동을 알리기 시작했습니다. 여기서 메이커란 스스로 필요한 것을 만드는 사람을 말하며, 메이커 운동은 메이커들이 스스로 필요한 것을 만들고, 만드는 방법을 공유하여 공유 경제를 구축하는 운동을 뜻합니다.

What's Happening at Make: Community

Make: has been **elevating** makers, nurturing a **global** cultural movement, and celebrating **creativity**, **innovation** and **curiosity** since 2005.

메이커 운동은 3D 프린터, 3D 스캐너, CNC 머신, 아두이노 같은 제조 장비의 발전과 인터넷, 각종 커뮤니티를 통한 정보 공유 및 협업, 킥스타터 같은 소셜 펀딩 플랫폼을 통해 빠르게 확산되고 있습니다. 이제 아이디어만 있다면 값싸게 시제품을 제작하고, 펀딩 플랫폼을 통해 자금 조달 및 제품 제작이 가능해졌습니다. 메이커 운동이 빠르게 확산되는 이유는 대량 생산으로 인해 표준화된 제품 소비에서 개인의 취향을 반영한 제품 소비 패턴으로 소비 성향이 바뀌고 있기 때문입니다.

첫째 은혁이가 초등학교 3학년 때부터 한 달에 하루는 특별 활동을 신청해 학교에 보내지 않았습니다. 3학년 때는 한 달에 하루, 4학년 때는 한 달에 이틀, 5학년 때는 한 달에 사흘 그리고 6학년 때는 한 달에 나흘, 이렇게 학년이 올라갈수록 일수를 늘려 가면서 아이와 다양한 창작활동을 했습니다. 필자는 아이들이 많이 놀고 경험하며 실제 생활에서 많은 것을 배울 수 있길 원하기 때문에, 앞으로도 많은 시간 동안 다양한 활동을 할 계획입니다.

3학년이 된 은혁이와 한 달에 하루 동안 했던 활동은 바로 메이커 활동이었습니다. 필자는 평소 취미로 아두이노, 라즈베리파이 및 각종 센서를 이용해서 시간이 날 때마다 다양한 작품을 만들었고, 은혁이와 이 활동을 같이하면 재미도 있으면서 자연스럽게 창의력을 키울 수도 있을 것 같았습니다.

필자의 작업실에는 온도 센서, 거리 감지 센서, 조도 센서, 불꽃 감지 센서, 녹음기 등 100여 가지의 각종 센서가 있었는데, 그중에 은혁이가 가장 호기심을 가질 만한 센서 10가지를 꺼내서 각 센서가 뭔지 아주 간단하게 설명해 주었습니다. 그리고

은혁이에게 여기 있는 센서 중에 2개를 아무거나 선택해서 만들 만한 것을 상상해 보라고 했습니다. 은혁이가 선택한 2개는 거리 감지 센서와 녹음 모듈이었습니다. 거리 감지 센서는 센서 앞에 물체가 있으면 그 거리를 계산해 주는 센서인데요, 초음파 센서로 음파를 보내서 물체에 맞고 다시 돌아오는 데 걸린 시간으로 거리를 계산하는 센서입니다. 물론 은혁이에게는 이렇게 따분한 이야기를 하지 않았습니다. 지금 은혁이한테는 이런 걸 아는 게 하나도 중요하지 않다고 생각했기 때문입니다. 그냥 은혁이한테는 거리 감지 센서는 거리를 알려 주고, 미리 지정한 특정 거리 안에 물체가 들어오면 그것을 감지한다고 말해 주었습니다. 녹음 모듈은 10초 간 녹음하고, 녹음된 내용을 들려주는 기능을 합니다.

은혁이는 이 2개의 모듈로 여러 가지 상상을 하기 시작했습니다. 필자는 이때 정말 아이들의 상상력은 대단하다고 감탄했고, 앞으로 은혁이와 이 활동을 꾸준히 하리라는 확신이 들었습니다. 은혁이는 2개의 모듈을 같이 붙여 놓고 사람이 50cm 안에 들어오면, 미리 은혁이가 녹음한 말이 나오게 하고 싶다고 했습니다.

"아빠, 나는 녹음기에 '내 방에 들어오지 마. 나 공부 중이야.'라고 녹음하고, 내 방문 앞에 거리 감지 센서랑 같이 붙여서 동생들이 내 방 앞에 오면, 녹음된 '내 방에 들어오지 마, 나 공부 중이야.' 라고 말하게 할 거야."

"아빠, 아침에 학교 갈 때마다 '학교 다녀오겠습니다.' 하기 귀찮으

니까 현관문에 붙여 놓고, 내가 현관문 앞에 서면 '학교 다녀오겠습니다.'라고 자동으로 말하게 할 거야."

"아빠, 은서(동생)가 화장실에 볼일 보고 나면 항상 물을 안 내리니까 화장실 문에 붙여 놓고, 화장실에서 나오는 사람이 문 앞에 오면 '물 내려.' 라고 말하게 할 거야."

은혁이의 상상을 현실로 만들어 줘야 해서, 은혁이가 상상한 제품

을 만들도록 아두이노에 들어가는 코딩은 필자가 직접 했습니다. 지금도 그렇지만, 아직 아이들에게 코딩을 가르칠 생각은 전혀 없습니다. 왜냐하면 그동안 수많은 개발자를 만났고, 그중 신입 개발자들은 자신의 코딩 능력 안에서만 사고하는 모습을 많이 보았기 때문입니다. 아이들에게 코딩을 가르치는 순간, 아이들이 자신의 코딩 수준 내에서만 상상하며 한계를 두게 될까 봐, 지금 어린아이들에게는 이런 코딩 기술보다 무한한 상상력을 키워 주는 게 중요하다고 생각했습니다. 이와 더불어 아이들이 상상한 것이 어느 정도는 현실화된다는 것을 보여 주거나 그 일에 아이들이 직접 참여해야 의미가 있다고 생각했습니다. 그래서 아두이노에 들어가는 코딩은 필자가 하고, 아두이노 보드에 센서들을 연결해서 실제 눈에 보이는 제품을 완성하는 것은 아이들이 할 수 있게 했습니다. 지금 당장은 각 센서가 정확히 어떤 역할을 하는지 그리고 내부적인 프로그램 코드는 어떻게 작성해야 하는지 이해하지 않아도 되지만, 나중에라도 은혁이가 스스로 보고 학습할 수 있도록 프로그램 코드, 각 구성품에 대한 설명, 아두이노와 센서를 어떻게 연결하는지, 아주 자세하게 회로도를 그리고 프린트해서 직접 연결하는 작업은 은혁이가 하게 했습니다. 그리고 제품 외형은 레고를 이용해서 만들도록 했습니다.

자신이 직접 센서를 연결하고, 문에 붙여 놓고, 녹음하고, 그 앞에 가까이 갔을 때 미리 녹음된 말이 나오는 걸 직접 확인했을 때 필자가 본 은혁이의 모습은 정말 즐거워 보였고, 자신이 직접 무언가를 만들었다는 성취감을 경험할 수 있었습니다.

그 이후로도 우리는 선풍기, RC카, 자동 수분 공급 화분, 미세 먼지 감지, 불꽃 감지 등 시간이 날 때마다 같이 창작 활동을 했습니다. 그러면서 제품의 외관을 직접 디자인해서, 처음에는 레고로 외관을 만들어서 센서를 삽입했고, 나중에는 3D 프린터를 이용해서 간단한 외관까지 같이 만들었습니다.

아이들의 흥미 유발하기

아이디어 제품 사이트 둘러보기

필자의 직업이 IT 직종이다 보니, 자연스럽게 신기술, 신제품에 대한 정보에 많이 노출됩니다. 그러다 보니 자연스럽게 주변의 다른 부모들보다 아직 시장에 나오지 않은 많은 아이디어 제품에 대한 정보도 빠르게 접합니다.

이런 새로운 정보는 필자에게도 굉장히 많은 도움이 되고 아이들의 상상력을 키우는 데도 도움이 되리라 생각해서 재미있는 아이디어 제품이 있는지 아이들과 같이 찾아보는 시간을 주기적으로 갖습니다.

킥스타터(https://kickstater.com)

'킥스타터'는 2009년에 시작된 미국의 크라우드 펀딩 서비스입니다. 자금이 없는 창작자가 작품을 소개하고 불특정 다수에게 후원을 받아서 프로젝트를 진행하도록 하는 서비스입니다. 테크 제품뿐만 아니라 예술 공연, 영화, 음악, 만화, 비디오 게임 등 다양한 분야의 프로젝트가 유치되고, 프로젝트 목표액이 넘으면 돈을 제공하고, 목표액이 넘지 않으면 투자하지 않아도 됩니다.

이 사이트를 특별히 좋아하는 이유는 테크 제품뿐만 아니라 다양한 분야의 프로젝트를 확인할 수 있기 때문입니다. 필자가 개발자라서 너무 기술 제품 위주의 관심을 가지는데 킥스타터를 통해서 다양한 분야의 프로젝트를 확인하고, 특히 우리가 참여한 펀딩으로 인해 새로운 예술 공연 작품이 런칭된다는 것은 굉장히 매력적입니다.

필자는 아이들과 주기적으로 해당 사이트에 접속해서 새로운 프로젝트가 올라오는지 보는 시간을 갖습니다. 그리고 아이들과 상의해서 괜찮은 프로젝트는 펀딩에 직접 참여합니다. 펀딩에 참여하고 해당 프로젝트가 펀딩에 성공하면, 해당 프로젝트는 모집된 자금을 토대로 실제 프로젝트를 완성합니다. 기술 제품은 펀딩에 참여한 제품이 생산 과정을 거쳐 직접 받기까지 기다리는 시간도 즐겁습니다. 실제로 제품을 받을 때까지는 많은 시간이 걸리다 보니 가끔은 까맣게 잊을 때도 있는데, 어느 날 도착한 제품을 보고 필자나 아이들 모두 뜻밖의 선물을 받은 기쁨을 느낍니다. 자신이 투자한 제품이 실제 제품화된다는 것은 장난감 가게에서 고른 장난감 하나와는 비교가 안 되는 기쁨과 만족감을 느낍니다. 그리고 다른 누구보다 그 제품을 먼저 알아보고 그 제품이 만들어지는 데 기여를 했다는 것은 아이들에게 큰 성취감을 줍니다.

GIGadgets(https://gigadgets.com)

'GIGadgets'은 최신 기술과 제품을 볼 수 있는 곳입니다. 페이스북, 트위터, 인스타그램, 유튜브 같은 다양한 SNS 채널을 통해서도 서비스를 하기 때문에 GIGadgets 웹 사이트에 꼭 방문하지 않더라

도 SNS 채널 중에 하나를 구독하면 새로운 제품이 등록될 때마다 쉽게 확인할 수 있습니다.

테크 제품에 관심이 많은 필자 역시도 항상 관심을 가지고 보는 서비스입니다. 최신 기술을 바탕으로 한 신제품뿐만 아니라, 아직 제품으로 출시되지는 않았지만 연구되고 시도되는 최신 기술에 대한 정보도 받을 수 있어서 필자처럼 IT 업종에서 일하는 사람들에게는 필수 서비스이기도 합니다. GIGadgets은 최신 기술 제품에 대한 소개를 주로 영상으로 제작하기 때문에 글이나 이미지보다 아이들의 관심을 훨씬 빨리 사로잡을 수 있다는 장점이 있습니다.

Five Ideas A Day(https://www.fiveideasaday.com)

서비스를 구독(무료)하면 매주 일요일마다 5개의 신선한 아이디어를 이메일로 보내 줍니다. 특정 분야로 한정 짓지 않고 다양한 분야에 대한 사소한 아이디어까지 이메일로 받아 보기 때문에 부담 없이 이용할 수 있다는 장점이 있습니다. 그리고 다른 서비스들과 달리 사진이 아닌 짧은 문장으로 정보를 전달해서 사진 이미지를 직접 보고 판단하는 것보다 더 많은 상상을 한다는 장점이 있습니다. 5가지의 아이디어를 보고 관심 있는 아이디어는 실제 어떤 내용인지 검색 사이트에서 찾아보는 과정을 통해 연관된 다른 정보를 얻는다는 것이 가장 큰 매력입니다.

Today's 5 ideas

1. A drone umbrella
2. Hoodie strings that are earphones.
3. An app where we have celebs voices as siri, imagine Morgan Freeman talking to you every day.
4. Whack a mole alarm clock
5. An app where you type in all the random food items you have left and it brings up recipes you can make with just those ingredients.

Get my 5 best ideas in your inbox.

Join **14,800** happy members who get my five best ideas in their inboxes weekly.

Email address

SEND ME IDEAS

메이커진(https://makezine.com)

아이들과 3D 프린터, 아두이노 및 각종 센서를 이용한 메이커 활동을 하기에 자주 방문하는 메이커를 위한 사이트입니다. 메이커들을 위한 다양한 행사 정보는 물론 세계 각국의 메이커들이 진행하는 프로젝트 정보를 확인할 수 있습니다. 필자는 여기서 우리 아이들과 비슷한 또래가 진행하는 프로젝트 위주로 정보를 얻고 활용합니다.

다이소 둘러보기

다이소는 욕실용품, 주방용품, 사무용품, 문구용품, 인테리어용품 등 약 3만여 가지에 이르는 실생활 용품과 아이디어 상품을 판매하는 곳입니다. 슬로건을 보면 다이소가 추구하는 가치가 무엇인지 분명히 알 수 있습니다.

- 필요한 것은 다 있소(상품의 다양성)
- 만족스러운 가격에 다 있소(가격 경쟁력)
- 어디든지 다 있소(편리한 고객 접근성)

다이소 하면 가장 먼저 생각나는 단어는 당연히 '가성비'입니다. 다이소는 전체 제품 중에 약 50%를 1,000원의 가격으로 유지하는 정책을 가집니다. 하지만 다이소의 진짜 매력은 실생활에 유용하게 사용할 수 있는 아이디어 제품과 재밌는 제품이 많다는 것입니다.

아이들과 다이소를 가면, 필요한 물건 외에도 거의 모든 코너를 한 번씩 꼭 훑어봅니다. 필자가 다양한 제품에 관심이 많기도 하지만, 다이소에 진열된 제품을 보면서 적지 않은 아이디어를 얻기 때문에 필요한 물건만 사고 바로 나오는 것이 아니라 꼭 매장 전체를 둘러보곤 합니다. 대다수의 제품 가격이 워낙 저렴해서 당장 필요하지 않은 제품이라도 재밌는 제품이 보이면 구매하고 아이들과 직접 사용해 봅니다. 다이소를 둘러보다가 우리가 직접 만들어 볼 만한 제품이 보이면 사진을 찍고, 집으로 돌아와 아이들과 직접 그 제품을 만들고 우리가 만든 제품으로 같이 즐겁게 놀이를 합니다.

　자신들이 직접 만든 장난감으로 놀이하면 아이들이 얼마나 즐거

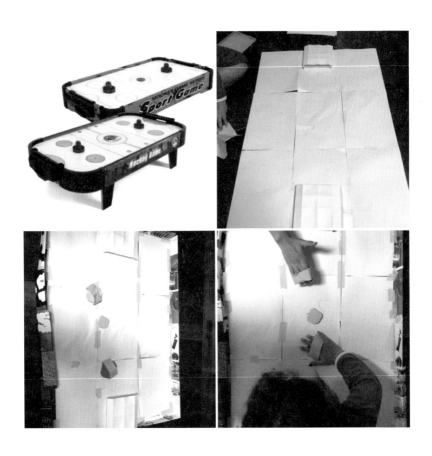

워하는지 모릅니다. 아이들이 만든 장난감은 완벽하지 않아 놀이하는 중에 부서지거나 기능이 제대로 작동되지 않을 때가 많습니다. 하지만 아이들은 부족하면 부족한 대로 스스로 재밌는 게임 룰을 만들고 논다는 것을 알 수 있습니다. 그리고 부족한 것을 보강하는 다양한 아이디어를 말하고 직접 장난감을 보강하는 활동을 통해서 주변의 다양한 물건을 활용하거나 각각의 물건이 가진 고유의 특성을 자연스럽게 알게 됩니다.

나뭇가지, 페트병, 종이, 안 입는 옷, 다 쓰고 버려지는 물건들을 보면 아이들이 먼저, 자신이 갖겠다고 말하고 이런 것들로 만들 만한 다양한 장난감이 무엇이 있을지 상상하고 창조하는 활동을 합니다. 또한 다이소에서 판매되는 제품 가격이 부모 입장에서 크게 부담이 느껴지는 수준이 아니기 때문에, 아이들에게 자주 선물하는 기쁨을 누릴 수도 있고 아이들 입장에서는 자주 선물을 받을 수 있어서 좋습니다.

어린이날이나 아이들 생일날 같을 때도 비싼 장난감보다는 다이소에서 저렴한 장난감을 3~4개 정도 마음껏 고르게 하는 게 아이들의 만족감을 더 높입니다. 실제로 아이들에게 좋은 건 꼭 비싼 제품이 아니라 재밌게 가지고 노는 제품입니다. 그리고 1,000원이나 2,000원 하는 장난감을 사다 보니, 가끔 장난감 매장에 가서 2~3만 원대 장난감을 보면 아이들 스스로가 가격이 너무 비싸다고 말하고, 이런 장난감을 사는 것은 아이들 스스로 낭비라고 생각합니다.

　무턱대고 코딩 교육을 빠르게 시작한다고 좋을까요? 22년 차 개발자 아빠는 아이들에게 아직 코딩을 가르치지 않습니다. 개발자 아빠는 왜 아직 아이들에게 코딩을 가르치지 않을까요?

　코딩보다 중요한 것은 아이들의 창의력을 키우는 것이라고 생각하기 때문입니다. 물론 코딩을 배워 기술을 알고, 필요한 프로그램을 직접 제작하는 것은 너무 중요한 일입니다. 그런데 아직 어린 아이들이 지금 코딩을 배운다고 해서, 원하는 프로그램을 바로 개발할 수 있을까요?

　실제로 개발자들도 자신이 원하는 프로그램을 개발하는 데까지 최소한 몇 년이 걸립니다. 그 기간 동안, 개발자들은 자신이 구현할 수 있는 코딩 기술 수준 안에서만 제품을 상상하고 기획합니다.

우리 아이들이 실현 가능성을 떠나서 무한한 상상과 창의력을 키울 수 있으려면, 당장의 코딩보다 창의력을 키우는 데에 소프트웨어 기술을 사용할 줄 알아야 합니다. 자신의 상상을 현실로 만드는 것에 소프트웨어가 도움이 된다는 것을 아이가 깨닫는다면, 아이들은 자연스럽게 소프트웨어에 궁금증을 갖게 될 것입니다.

인공 지능은 필자 같은 22년 차 전문가도 따라가지 못할 정도로 빠르게 발전하고 있습니다. 때문에 우리 아이가 자라서 성인이 되는 10년 뒤에는 대다수의 프로그램은 코딩을 전혀 모르는 사람도 쉽게 만드는 환경으로 바뀔 것입니다. 아마 아주 뛰어난 일부 개발자들을 제외하고는 현재 개발자들이 하는 많은 업무(코딩) 역시 자동화되어서 더는 코딩이 필요 없을 수도 있습니다.

우리는 10년 뒤의 미래가 어떻게 변할지 알 수 없는, 변화의 속도가 매우 빠른 시대에 살고 있습니다. 그렇다면 우리 아이들은 어떻게 준비해야 할까요? 10년 뒤 세상이 어떻게 바뀔지, 어떤 기술을 사용할지 모르니까 그냥 아무것도 하지 않아야 할까요?

그렇기 때문에 아이의 창의력을 키우는 것이 그 무엇보다 중요한 것입니다. 그리고 사람들에게 필요한 것이 무엇이고, 어떤 것이 세상을 더 좋게 만드는지 사람과 세상을 이해할 수 있어야 합니다. 그리고 데이터에 대한 올바른 인사이트를 가지고 기술을 적재적소에 활용할 줄 아는 능력이 더 중요합니다. 지금 당장 코딩 기술을 가르치는 것을 중요하게 여기면서, 대한민국의 모든 아이를 개발자로 키울 것처럼 해서는 안 됩니다.

이제부터는 우리 아이들이 재미있게 소프트웨어 기술을 사용하면서 창의력을 키우는, 더 나아가 세상에 필요한 제품을 만드는 아이가 될 수 있도록 개발자 아빠가 아이들과 함께하는, 다양한 활동에 대해 이야기를 들려 드리겠습니다.

Part 7

개발자 아빠의
코딩 교육

코딩: 반드시 갖춰야 할 역량을 키우는 도구

마이크로소프트의 사티아 나델라, 구글의 선다 피차이, 페이스북의 마크 주커버그 이 사람들의 공통점은 무엇일까요? 그건 바로 모두 개발자 출신 CEO라는 것입니다. 페이스북의 마크 주커버그는 어릴 때부터 프로그램 개발을 좋아한 뛰어난 개발자였고, 자신이 개발한 페이스북으로 창업한 창업자이자 CEO입니다. 사티아 나델라와 선다 피차이는 평범하게 개발자로 회사에 입사해서 지금의 CEO 자

리까지 오른 인물들입니다. 그렇다면 우리가 글로벌 기업이라고 부르고 있는 마이크로소프트, 구글, 페이스북 같은 거대 공룡 기업들은 왜 개발자 출신을 CEO로 선택했을까요? 그리고 사티아 나델라, 선다 피차이가 CEO가 되고 나서 그 기업들은 어떻게 변했을까요? 그전보다 발전했을까요? 아니면 도태되었을까요? 왜 그들은 개발자에게 회사의 대표 자리를 위임했을까요? 그리고 개발자에게 대표 자리를 맡기는 회사들이 왜 점점 늘어날까요?

미래 산업의 핵심인 ICT 분야에서는 변화와 발전 속도로 인해 중요한 결정들을 더욱 빠르고 정확하게 내려야 합니다. 너무나 당연히도 모든 결정에는 시간과 노력, 비용이 요구됩니다. 최근 모든 비즈니스에는 ICT 기술이 결합되고, ICT 기술 없이 할 수 있는 비즈니스는 이제는 찾아볼 수 없습니다. 그렇다 보니 기술을 모르는 경영자는 판단을 내릴 만한 분야가 한정될 수밖에 없습니다.

"어제의 고객이 반드시 오늘의 고객일 거라는 보장은 더는 없습니다."

그만큼 소비자의 니즈는 빠르게 변합니다. 그럼 리더는 어떤 역량을 가져야 할까요? 이제 리더들도 개발자처럼, 주어진 문제에 대한 해결을 빠르게 도출하는 역량 외에도 문제를 해결하는 과정에서 발생하는 다양한 비즈니스 상황에 대한 예측과 빠른 판단을 하는 역량을 반드시 가져야 합니다. 이러한 역량의 중요성 때문에 마이크로소프트, 구글 같은 글로벌 기업은 물론이고 개발자 출신을 회사의 대표로 선택하는 회사가 점점 늘어납니다. 그렇다면 모두가 개발자여야 할까요?

전혀 그렇지 않습니다. 아이들이 코딩을 배워야 하는 이유는 주어진 문제에 대해서 어떻게 접근할지, 어떤 것이 필요하며, 어떻게 해결할지에 대해 생각하는 과정을 코딩으로 배울 수 있기 때문입니다. 코딩은 의식의 흐름을 자연스럽게 체계화할 수 있도록 도와줍니다. 생각하는 방법을 가르쳐 주고, 사고의 범위를 넓혀 주기 때문에 더 나은 생각을 하게 하며, 분야와 상관없이 모든 문제에 대해 새로운 해결책을 생각하는 힘을 길러 줍니다. 때문에 코딩을 통해 우리는 4차 산업 혁명에서 리더가 갖춰야 할 자질을 갖출 수 있습니다.

코드 한 줄 없이 코딩 가르치기: 프로그래밍 씽킹

아이들이 코딩을 통해서 얻는 핵심 역량을 다음과 같이 4가지로 정의해 보았습니다.

- 관찰 능력: 사물과 사람, 그리고 주변을 둘러싼 환경에 대한 이해가 높아집니다.
- 문제 인식 능력: 문제를 해결하기 위해서는 문제가 무엇인지 정확히 파악해야 합니다. 때문에 문제에 대한 인식 역량이 높아집니다.
- 의사 전달 능력: 정확한 명령을 내려야만 하는 코딩을 통해, 정확하게 의사를 전달하는 방법을 이해하게 됩니다.
- 예외 대처 능력: 문제를 해결하는 과정에서 발생할 수 있는 다양한 예외 사

항을 사전에 감지할 수 있는 능력을 키울 수 있습니다.

• 종합적 사고 능력: 논리적 사고, 데이터 분석, 문제 해결 능력을 길러주는 종합적 사고를 기를 수 있습니다.

4가지 핵심 능력을 키우려면 진짜 개발자들은 어떤 사고 체계를 가지는지, 어떤 사고의 흐름을 통해서 문제를 해결하는지 알아야 합니다. 개발자는 논리적인 사고방식을 통해 문제를 발전적으로 해결해 나갑니다. 필자는 모든 문제를 감성보다 이성에 기반하여 해결하려 하는, 개발자의 논리적 사고 해결 방식을 프로그래밍 씽킹이라고 정의했습니다.

프로그래밍 씽킹은 필자가 집필한 저서인 『디자인 씽킹을 넘어 프로그래밍 씽킹으로』에서 상세하게 다뤘습니다. 여기서는 우리 아이들이 어떻게 하면 프로그래밍 씽킹을 배울 수 있는지에 대해서 이야기하려고 합니다.

프로그래밍 씽킹은 5단계로 이루어집니다.

1. 관찰 단계: 다각도로 살펴보기
2. 탐험 단계: 가능한 모든 경우의 수를 찾아내기
3. 확장 단계: 깊게 사고하고, 과정을 구체적으로 확장하기
4. 세분화 단계: 과정을 쪼개서 여러 과정으로 분리하기
5. 발전 단계: 각 과정을 한 번 더 확장하여 세분화하기

프로그래밍 씽킹은 결국 문제를 해결하는 능력입니다. 문제를 해결하려면 주어진 문제가 무엇인지 먼저 정확하게 파악하는 것에서부터 시작해야 합니다. 그리고 문제가 무엇인지 정확하게 파악하려면 아이들에게는 보고, 듣고, 느끼는 환경을 똑같이 주더라도 남들이 미처 발견하지 못한 새로운 것을 찾아내는 관찰력이 필요합니다.

새로운 사고, 남들과 다른 상상력은 결국 관찰에서 나옵니다. 뛰어난 개발자는 모두 관찰력이 뛰어납니다. 앞서 프로그래밍 씽킹은 5단계(관찰-탐험-확장-세분화-발전)로 구분했지만, 결국 이 5단계는 넓은 의미에서 모두 관찰에 속합니다. 프로그래밍 씽킹은 눈에 보이는 단면뿐만 아니라 눈에 보이지 않는 그 이면의 다양한 요소(사람, 사물, 환경) 간의 관계를 체계적으로 관찰하여 그 대상을 명확하게 인지하는 사고를 키웁니다. 우리 주변에서 흔히 보는 것 중의 하나를 예로 들면서 생활 속에서 아이들과 프로그래밍 씽킹을 어떻게 키워 나갈지 말씀드리겠습니다.

음료 자판기가 있습니다. 자판기에서 판매하는 음료의 종류와 가격은 다음과 같습니다.

콜라	오렌지	커피	보리차	탄산수
700원	700원	700원	1,000원	1,200원

자판기에 동전은 100원과 500원, 지폐는 1,000원과 5,000원을 넣을 수 있습니다. 고객이 음료를 구매하려고 돈을 넣고 음료를 받는 과정에 일어나는 자판기 동작 단계를 최대한 자세하게 생각해 보세요.

제일 간단한 형태로 자판기 동작 단계를 구분해 보겠습니다.

1. 고객이 자판기에 돈을 넣는다.
2. 고객이 음료를 선택한다.
3. 투입 금액이 선택한 음료의 가격보다 크거나 같으면 자판기에서 음료가

나온다.

4. 투입 금액에서 음료 가격을 뺀 나머지 금액이 자판기에서 나온다.

위에서 나열한 자판기 동작 단계는 누구나 생각하는 가장 단순한 단계입니다. 이번에는 좀 더 자세하게 세분화해 보겠습니다.

1. 고객이 자판기에 돈을 넣는다.

2. 고객이 넣은 돈이 동전이면 100원 혹은 500원이 맞는지 확인한다. 아니면 고객이 넣은 동전을 내보낸다.

3. 고객이 넣은 돈이 지폐이면 1,000원 혹은 5,000원이 맞는지 확인한다. 아니면 고객이 넣은 지폐를 내보낸다.

4. 투입 금액이 700원 이상이면 투입금에서 음료 가격 700원을 뺀 잔돈이 자판기에 있는지 확인하고 잔돈이 있으면 음료 가격이 700원인 콜라, 오렌지, 커피 버튼의 불을 켠다.

5. 투입 금액이 1,000원 이상이면 투입금에서 음료 가격 1,000원을 뺀 잔돈이 자판기에 있는지 확인하고 잔돈이 있으면 보리차 버튼의 불을 켠다.

6. 투입 금액이 1,200원 이상이면 투입금에서 음료 가격 1,200원을 뺀 잔돈이 자판기에 있는지 확인하고 잔돈이 있으면 탄산수 버튼의 불을 켠다.

7. 자판기에 지급할 잔돈이 없다면 잔돈 없음 표시에 불을 켠다.

8. 4, 5, 6번의 조건에 해당했을 때, 고객이 음료 버튼을 누르면 자판기에서 음료를 내보낸다.

9. 음료를 내보낸 후, 남은 잔돈이 4, 5, 6번 조건에 해당하면 고객이 음료 버튼을 누를 때까지 기다린다. 남은 잔돈이 4, 5, 6번 조건에 해당하지 않으면 바로 잔돈을 내보낸다.

10. 9번 과정을 반복한다.

11. 고객이 동전 반환 버튼을 누르면 남은 금액을 반환한다.

두 번째 작성한 자판기 동작 단계는 처음에 작성한 자판기 동작 단계보다 굉장히 세분화되었습니다. 만약 이 글을 읽는 독자분이 처음부터 두 번째 작성한 자판기 동작 단계 정도의 수준을 생각했다면 이미 프로그래밍 씽킹을 갖춘 분이며 깊이 있는 관찰과 사고 능력이 뛰어난 분임에 틀림없습니다. 하지만 두 번째 작성한 자판기 동작 단계를 생각하지 못했어도 상관없습니다. 두 번째 동작 단계를 읽으면서 고개를 끄덕였을 것이기 때문입니다.

우리가 아직 배우지 않은 코딩은 내부적으로는 입력과 출력으로 이루어집니다. 음료 자판기에서는 동전 투입구, 지폐 투입구, 음료 선택 버튼, 돈 반환 레버가 입력에 해당하며, 동전 반환구, 지폐 반환구, 음료 반환구, 투입된 금액 표시 화면, 음료별 가격 표시 화면이 출력에 해당합니다. 먼저 자신이 관찰하는 대상의 입력과 출력이 무엇인지 관찰한 후 입력과 출력이 어떻게 쓰이는지 잘 살펴보면 어떻게 동작되는지 알 수 있습니다. 그다음은 자신이 관찰하는 대상을 사용하는 사람들은 누가 있는지를 살펴보면 사용하는 사람에 따라 어떻게 쓰이는지 좀 더 명확하게 알 수 있습니다. 결국 아이들에게 필요한 것은 내 주변에 있는 다양한 환경(사람, 물건, 자연)에 관심을 가지고 관찰하고 이해하려는 노력과 훈련입니다.

우리는 어떤 아이들을 보면서 "관찰력이 뛰어나다."고 말하곤 합니다. 관찰력이 뛰어나다는 것은 무슨 의미일까요? 보고, 듣고, 느끼는 환경을 똑같이 주더라도 다른 사람들이 미처 발견하지 못한 새로운 것을 찾아내는 능력이 바로 관찰력입니다. 지금 우리가 사용하는 모든 제품은 누군가의 관찰에서 생겨난 것입니다. 새로운 사고, 남들과 다른 창의력은 관찰에서 나옵니다. 아이들은 코딩을 통해 생각하는 방법을 익히고 사고를 넓히고 문제를 해결하는 능력을 키우려고 합니다. 프로그래밍 씽킹을 통해 코딩이란 행위를 직접 하지 않아도, 우리는 코딩을 통해 얻을 수 있는 능력을 기를 수 있습니다. 그리고 이렇게 프로그래밍 씽킹을 통해 능력을 갖춰 코딩을 배우면, 그 능력은 배가 될 것입니다.

우리 주위를 둘러보면 음료 자판기처럼 생각해 볼 만한 다양한 물건, 다양한 상황을 쉽게 발견할 수 있습니다.

다음은 아이들과 같이 생각해 볼 만한 몇 가지 예입니다.

**패밀리 레스토랑에서
식사 후 결제 금액
계산해 보기:**
할인(신용 카드, 통신사
카드, 쿠폰 등) 적용

**지하철 요금
계산해 보기:**
거리에 따른 요금 체계
변화 이해

**백화점 주차료
계산해 보기:**
무료 주차 시간, 구매
금액별 주차 할인 금액
적용

쉽고 재미있는 코딩: 시작은 미미하게, 참여는 확실하게

너무 어린 나이에 코딩을 가르치면 아이들의 창의성을 해칠 수 있다고 말했습니다. 하지만 반드시 코딩을 배워야 한다는 사실은 변하지 않습니다. 그렇다면 아이들에게 어떤 프로그래밍 언어를 먼저 가르쳐야 할까요? 사실 아이들에게 중요한 것은 어떤 프로그래밍 언어를 가르칠 것인가가 아닙니다. 그보다 프로그래밍을 어떻게 가르칠 것인가에, 아이들이 코딩을 재밌게 배우고 창의력을 키워 나갈 수 있는 해답이 있습니다.

필자는 아이들을 위한 첫 프로그래밍 언어로 파이썬을 선택했습니다. 파이썬은 전 세계 개발자가 가장 많이 사용하는 언어 중의 하나입니다. 다른 프로그래밍 언어보다 직관적이고 배우기가 쉬워 처음으로 프로그래밍 언어를 시작한 사람들이 가장 많이 선택합니다. 그리고 구글에서 인공 지능 개발을 위해 무료로 제공하는 텐서플로우라는 인공 지능 개발 플랫폼이 파이썬으로 구현됩니다. 그래서 인공 지능 분야를 준비하는 많은 사람이 파이썬을 사용합니다.

물론 필자가 파이썬을 선택한 이유는 당장 인공 지능 분야를 아이들에게 가르치기 위함이 아니라, 파이썬이 가지는 또 하나의 강점인 쉬운 게임 제작 때문입니다. 앞서 필자는 아이들에게 어떤 프로그래밍 언어를 가르칠 것인가보다는 어떻게 가르칠지가 중요하다고 했습니다. 왜냐하면 프로그래밍 언어를 잘못 가르치면, 아이들은 자기가 구현할 수 있는 기술 능력에 상상력이 갇히는 한계를 보이고, 무엇보다 그런 한계를 마주했을 때 아이들의 흥미는 급격히 떨어지기 때문입니다. 하지만 코딩을 하는 것은 아이들에게 새로운 것을 시도할 수 있는 많은 기회가 열리는 것이기 때문에 매우 중요합니다. 코딩은 아이들의 창작물을 만들 수 있는 최고의 도구 중 하나입니다. 개발자가 프로그래밍 언어를 배울 때는 프로그래밍 언어에 대한 기본 문법부터 차근차근 공부해야 합니다. 개발자가 프로그래밍 언어를 이렇게 배운다고 해서 우리 아이들도 똑같이 프로그래밍 언어 문법부터 시작해서 동일한 방법으로 가르칠 필요는 없습니다. 아이들이 프로그램 개발을 시작부터 끝까지 다하도록 가르치기보다는 코딩을 통해 어떤 것들이 가능하게 되는지를 알게 하는 것이 중요합니다. 그리고 개발에 아이들을 참여시켜 아이 스스로가 프로그래밍 언어를 배우고자 하는 동기를 심어주는 것이 좋습니다. 그래서 필자는 파이썬을 이용해서 간단한 게임 몇 가지를 직접 개발했는데, 처음부터 완성도 높게 코드를 작성해서 게임을 개발한 것이 아니라, 게임을 동작시키는 가장 기본적인 형태의 코드만 작성했습니다. 아이들은 필자가 개발한 기본적인 형태의 게임을 하면서 무척 즐거워했습니다. 참고로 필자의 아이들은 평소에 게임을 많이 시켜 주지 않아 아주 단순한 게임이라도, 게임이라면 무조건 좋아할 정도입니다.

가장 먼저 개발한 게임은 하늘에서 폭탄이 떨어지고, 캐릭터가 그것을 피하는 아주 단순한 게임입니다. 앞서 필자가 게임의 가장 기본적인 기능만 개발했다고 했습니다. 그랬기 때문에 아이들은 처음엔

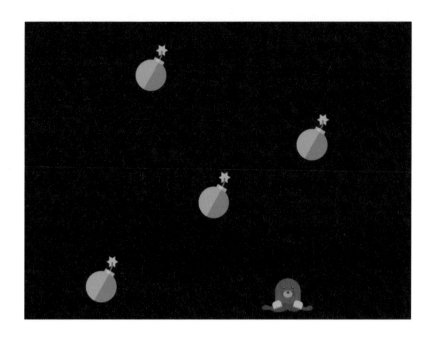

이렇게 단순한 게임도 재밌게 하지만, 결국 몇 번 하고 나면 '이랬으면 좋겠다. 저랬으면 좋겠다.'고 말하기 시작합니다.

"아빠, 폭탄이 너무 늦게 내려와서 피하는 게 너무 쉬워. 폭탄이 내려오는 속도를 좀 더 빨리하면 좋을 것 같아."

"아빠, 폭탄이 전부 다 같은 속도로 내려오는 것보다, 어떤 폭탄은 천천히 내려오고, 어떤 폭탄은 빨리 내려오고, 폭탄마다 속도를 좀 다르게 하면 더 재밌을 것 같아."

"아빠, ㅋㅋ 우리 폭탄 말고 똥이 떨어지게 할까?"

"아빠, 이 캐릭터, 우리 사진으로 바꾸자. 그래서 우리가 똥을 피하는 거지 ㅋㅋ"

이건 명확한 고객(사용자)의 요구 사항입니다. 고객은 자신의 요구 사항이 처리될 수 있도록 굉장히 적극적인 자세를 가집니다. 그래서 필자는 아이들에게 그럼 너희가 말하는 부분을 게임에 같이 추가해 보자고 제안했습니다.

코딩하는 프로그램을 실행시켜 아이들과 같이 하던 게임에 대한 프로그램 코드를 열었습니다. 아이들은 항상 필자가 코딩하는 모습을 봐 왔기 때문에 필자가 코딩하는 것을 바라보는 것에 어느 정도 익숙하고, 뭔지는 모르지만 이렇게 생긴 화면을 보면 아빠가 코딩하는구나 정도는 알았습니다.

아이들의 첫 번째 요구 사항.

"아빠, 폭탄이 너무 늦게 내려와서 피하는 게 너무 쉬워. 폭탄이 내려오는 속도를 좀 더 빨리하면 좋을 것 같아."

가장 먼저 폭탄이 만들어지고 폭탄이 떨어지는 속도를 지정한 코드 부분을 보여 주었습니다.

"이 부분에 여기 숫자 보이지? 이 숫자가 폭탄이 떨어지는 속도야."

아이들에게 코딩 문법에 대해서 굳이 설명하지 않고, 아이들이 이해할 만한 부분인 떨어지는 속도에 대한 숫자 부분만을 알려 주고, 그 숫자를 마음대로 바꿔 보라고 했습니다. 처음에는 숫자를 너무 크게 바꿔서 게임을 시작하자마자 너무 빠른 속도로 폭탄이 떨어졌습니다. 아이들은 숫자의 크기를 어떤 크기 단위로 바꿔야 적절한 속도로 폭탄이 떨어지는지 전혀 모른 채 계속해서 숫자를 바꿔 보면서 스스로 적절한 숫자를 찾아갔습니다. 이렇게 아이들이 만족스러운 폭탄 떨어지는 속도를 찾아낸 후, 아이들에게 프로그래밍 안에서 이 숫자는 어떤 단위이고, 속도란 무엇인지 설명해 주었습니다. 아이들에게 속도가 무엇이고 프로그래밍 안에 적힌 숫자의 단위가 무엇인지를 먼저 설명하지 않았습니다. 아이들이 여러 차례 숫자를 변경하고, 게임을 실행하는 과정을 겪으면서 스스로 적절한 속도와 숫자를 바꿀 때마다 변하는 속도의 단위를 체감하게 했습니다.

아이들의 두 번째 요구 사항.

"아빠, 폭탄이 전부 다 같은 속도로 내려오기보다, 어떤 폭탄은 천천히 내려오고, 어떤 폭탄은 빨리 내려오고, 폭탄마다 속도를 좀 다르게 하면 더 재밌을 것 같아."

아이들은 이미 여러 차례 폭탄 떨어지는 속도에 해당하는 숫자를 바꿔 가면서 실제 게임에서 폭탄이 떨어지는 속도가 어떻게 바뀌는지를 경험했습니다.

"폭탄이 떨어지는 속도를 가장 느릴 때는 어느 정도 속도로, 가장 빠를 때는 어느 정도 속도로 하면 좋을까?"

아이들은 다시 몇 차례 속도를 바꿔 가면서 게임을 해 보고 가장 느릴 때 속도와 가장 빠를 때 속도를 정했습니다. 실제 프로그래밍 언어에서는 random이라는 함수를 사용해서, 가장 느릴 때 속도와 가장 빠를 때 속도를 넣어 주면, 알아서 그 사이의 속도를 매번 다른 값으로 생성해 줍니다. 하지만 적어도 지금은 아이들에게 random 함수를 어떻게 사용하는지, 문법이 어떻게 되는지가 중요하지 않습니다.

"random이란 영어 단어를 찾아보면, 한글로 해석하면 무작위, 마음대로 이런 뜻이야. 코딩에서 random에다가 가장 작은 값과 가장 큰 값을 넣어 주면 프로그램이 알아서 그 사이 값을 아무거나 만들어 주는데, 이게 매번 달라져. 그래서 폭탄이 하나하나 떨어질 때 매번 가장 느릴 때 속도와 가장 빠를 때 속도 사이에서 폭탄 속도가 결정되는 거고, 그렇게 폭탄 속도가 매번 바뀔 수 있는 거야."

random.randint(5, 10)

```
random.randint(5, 10)↵
```

random이란 프로그래밍 함수는 파이썬뿐만 아니라 거의 모든 프로그래밍 언어에 존재하고, 사용하는 프로그래밍 코드 문법은 언어에 따라 조금씩 다르지만 그 원리는 모두 동일합니다. 아이들은 이제 최소한 random이란 것을 어떤 용도로 사용하는지는 완벽하게 이해한 것입니다. 필자가 개발자들에게 프로그래밍 언어를 가르칠 때 항상 하는 이야기가 있습니다. 프로그래밍 언어를 제대로 배우려면 기능이 무엇인지만 알면 안 된다는 것입니다. 기능만 알면 어떤 곳에 어떻게 사용하는지 모르는 경우가 많기 때문입니다. 그래서 항상 어떤 용도로 사용되는지도 함께 아는 것이 중요하다고 말합니다.

아이들의 세 번째 요구 사항.

"아빠, ㅋㅋ 우리 폭탄 말고 똥이 떨어지게 할까?"

우리가 사용하는 웹 사이트 혹은 컴퓨터에 설치된 프로그램에서 보이는 이미지(사진)는 별도의 파일이 존재하고, 그 파일이 위치한 경로를 프로그래밍 코드로 연결해서 우리의 눈으로 프로그램 안에서 볼 수 있습니다.

아이들에게 폭탄 이미지 파일이 있는 폴더를 열어서 보여 주었습니다. 아이들은 스마트폰으로 사진을 찍고, 찍은 사진을 컴퓨터로 옮겨 본 그동안의 경험이 있기 때문에 사진 파일과 폴더가 무엇인지 이해하고 있었습니다. 아이들에게 프로그램 코드 내에서 우리가 확인한 폭탄 파일 이름과 동일한 부분을 찾도록 했습니다. 아이들은 프로그램 코드가 무엇을 의미하는지는 모르지만, 영어로 된 프로그램 코드에서 폭탄 이미지의 파일 이름과 동일한 부분을 찾아낼 수 있었습니다.

pygame.image.load(/Users/seungwongo/Documents/local_dev/pygame_
bomb/bomb.png)

```
pygame.image.load(
    "/Users/seungwongo/Documents/local_dev/pygame_bomb/bomb.png")
```

"그래, 바로 여기에 폭탄 이미지 파일 이름하고 똑같은 이름이 보이지?"

"자, 이번에는 똥 이미지를 검색해서 마음에 드는 이미지를 찾아서 다운로드받고, 지금 이 폭탄 이미지 파일이 있는 폴더에 넣어 줘."

아이들은 열심히 똥 이미지를 찾기 시작했습니다. 처음에는 그냥 "똥"이라고 검색해서 원하는 이미지를 찾지는 못했습니다. 그래서 "똥 아이콘 png"라고 입력하고 찾아보라고 했습니다. 이번에는 아이들이 원하는 똥 이미지를 찾아냈습니다.

아이들에게 '아이콘'이라고 추가하면 정말 '똥' 사진이 아니라 재밌게 디자인된 만화 같은 '똥' 이미지를 찾을 수 있으며, 여기에 'png'는 배경이 없이 '똥' 딱 그 부분만 있는 이미지를 찾아 준다고 설명해 주었습니다. 여기서 아이들은 코딩할 때 중요한 개념인 '아이콘', 'png'가 무엇인지 이해했습니다. 아이들이 찾은 '똥' 이미지 파일을 폭탄 이미지 파일이 있는 폴더에 다운로드받아서 넣었습니다.

"얘들아, 우리 방금 똥 이미지 파일을 찾아서 넣었는데, 그럼 우리가 찾은 똥 이미지가 우리 게임에 나오게 하려면 어떻게 해야 할까?"

은혁이가 먼저 말을 했습니다.

"아빠, 아까 우리 아빠 프로그램에서 폭탄 이미지 파일 이름하고 똑같은 부분 찾았잖아. 거기를 우리가 방금 찾은 똥 이미지 파일 이름하고 똑같이 바꾸면 되지 않아?"

"그래 맞아! 대박!!"

은혁이가 말한 것처럼 프로그램 코드 내에서 폭탄 이미지 파일 이름이 있었던 부분을 똥 이미지 파일 이름하고 똑같이 바꾸고 프로그램을 다시 실행시켰습니다.

pygame.image.load(/Users/seungwongo/Documents/local_dev/pygame_

bomb/ddong.png)

```
pygame.image.load(
    "/Users/seungwongo/Documents/local_dev/pygame_bomb/ddong.png")
```

이제 게임에서 폭탄이 내려오는 것이 아니라 똥이 내려오기 시작했습니다. 그런데 문제는 똥 이미지 크기가 너무 커서 게임을 진행할 수 없었습니다. 아이들이 다운로드받은 똥 이미지의 가로/세로 크기가 원래 폭탄 이미지의 가로/세로보다 훨씬 커서 생긴 문제였습니다. 그래서 필자가 프로그램 코드에 이미지 크기를 강제로 지정하는 코드를 추가했습니다. 그리고 아이들에게는 추가된 코드 안에 보이는

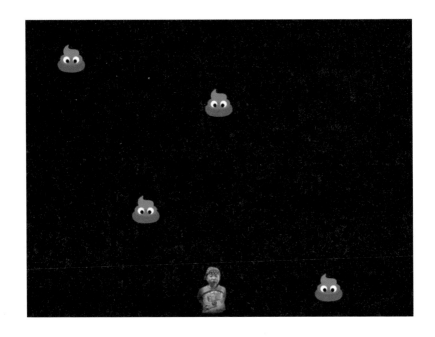

가로에 해당하는 숫자 부분과 세로에 해당하는 숫자 부분만 알려 주
고, 이 부분을 바꾸면 똥 이미지 크기가 바뀌는 것과 프로그램 안에서
원래 이미지가 가진 크기를 조절한다는 것을 간단하게 설명해 주었습
니다.

아이들의 네 번째 요구 사항.

"아빠, 이 캐릭터, 우리 사진으로 바꾸자. 그래서 우리가 똥을 피하
는 거지 ㅋㅋ"

네 번째 요구 사항은 이미 우리가 세 번째 요구 사항인 폭탄 이미

지를 똥 이미지로 바꿔 봐서 동일한 방법으로 쉽게 진행했습니다.

　모든 프로그래밍 언어는 코딩하는 문법은 조금씩 다르지만 결국 그 코딩을 통해 각각의 프로그램 코드가 처리해야 하는 용도는 동일합니다. 그래서 용도를 정확히 알면 나중에 어떤 프로그래밍 언어를 배우더라도 빠르게 이해하고 적용할 수 있습니다. 아이들에게 처음부터 프로그래밍 문법을 차근차근 모두 가르쳐 주고, 자신이 만드는 프로그램을 아주 간단한 것부터 복잡한 것까지 천천히 오랜 시간을 두고 가르쳐 나갈 수도 있지만, 그렇게 하면 시간도 오래 걸리고 과정이 지루해서 아이들이 코딩에 대한 흥미를 잃을 수도 있습니다. 그래서 필자는 반대로 아이들이 재밌어할 게임을 이미 어느 정도 완성하고, 프로그램 안에서 일부분을 아이들이 직접 참여해서 바꾸고 게임을 좀 더 재밌게 만들도록 하는 방법을 택했습니다. 그리고 그런 과정 속에서 아이들이 자연스럽게 프로그램의 부분부분을 이해하고 사용하는 방법을 깨달을 수 있도록 유도했습니다. 이렇게 필자는 아이들이 흥미를 가지는 게임 프로그램을 만드는 데 조금씩 참여하는 방법으로 자연스럽게 흥미를 유지시키면서 코딩에 대해 배워 가는 방법을 택했습니다.

　프로그래밍 언어를 배우다가 너무 어려워서 중도에 포기하는 성인들도 굉장히 많습니다. 성인에게도 힘든 프로그래밍 언어를 성인과 동일한 방법으로 아이들에게 가르친다는 것은 정말로 쉽지 않은 일입니다.

우리가 모국어인 한글을 배울 때를 생각해 볼까요?

아이들에게 '가나다라'를 먼저 가르치는 것이 아니라 아이들이 물을 먹고 싶어 하면 물을 주면서 "'물 주세요.' 한번 해 봐."라고 알려 줍니다. 그리고 물, 밥, 화장실처럼 아이들에게 정말로 필요한 것들에 대한 의사 표현을 먼저 알려 줍니다. 우리는 이때 아이들을 가르친다는 생각을 하지 않습니다. 왜 가르친다는 생각이 들지 않고 알려 준다는 생각이 들까요?

아이들에게 코딩을 가르치는 것 역시 다르지 않습니다. 마치 아이들이 지금 당장 개발자가 되어야 할 것처럼 프로그래밍 언어를 가르치고, 서로 경쟁하고 누가 더 잘 만들었는지 비교하고 점수를 매겨서는 안 됩니다. 아이들에게 코딩의 필요성을 느끼게 하고, 코딩을 통해 할 수 있는 것들에 참여시켜 아이들 스스로 배우고 학습하도록 해야 합니다. 필요만큼 확실한 동기 부여는 없습니다. 선생님이 아무리 잘 가르쳐도 아이들 스스로가 학습할 의지가 없다면 배우는 데는 분명히 한계가 있습니다. 가장 좋은 것은 아이들 스스로 필요성을 느끼도록 하고 부모는 아이들에게 스스로 학습할 수 있는 환경을 만들어 주어야 합니다.

개발자 아빠의 이야기를 마치며

지금까지 『개발자 아빠가 들려주는 우리 아이 소프트웨어 교육』을 읽어 주셔서 진심으로 감사합니다. 개발자 아빠인 필자는 우리 아이들이 개발자가 되기를 바라는 마음으로 소프트웨어 교육을 하고 있지 않습니다. 인공 지능, 빅 데이터, 사물 인터넷, 자율 주행 자동차, 로봇, 메타버스 등 4차 산업 혁명 시대에서는 기술을 이해하고 자신의 영역에 기술을 융합해서 사용할 줄 아는 창의적인 인재를 필요로 하므로 우리 아이들이 창의적인 아이가 되기를 바라는 마음입니다. 그리고 그러기 위해 필자가 할 수 있는 것들을 하나씩 아이들과 즐겁게 하고 있습니다.

무엇보다 아이들 스스로가 올바른 가치관을 가지고 앞으로 겪을 무수히 많은 인생의 순간들에 좀 더 가치 있고, 좀 더 세상에 이로운 방법으로 참여할 수 있기를 바라는 마음입니다.

코딩은 단순히 프로그래밍 언어를 익히는 좁은 의미의 기술이 아니라 논리적 사고, 데이터 분석, 문제 해결 능력을 길러 주는 종합적 사고를 기르는 기술입니다.

그래서 우리 아이들에게 코딩을 가르치는 것은 너무나 중요합니다. 하지만 코딩을 가르치기에 앞서 무엇이 옳고 그른지 스스로 판단하는 분별력을 가져야 하며, 세상은 나 혼자가 아닌 더불어 살아가는 곳이란 걸 아는 것이 더 중요합니다.

부모는 가르치는 사람이 아닌, 협력자(Collaborator)여야 합니다. 아이들이 스스로 생각하는 법, 스스로 익히는 지혜의 즐거움이 몸에 배도록 응원해 주고 아이들의 작업을 돕는 사람으로, 머리를 맞대고 같이 고민해 주는 사람이어야 합니다.

분명 이 책을 통해 개발자 아빠가 들려준 얘기는 개발자가 아닌 부모는 따라 하기 힘든 부분이 있습니다. 이 책을 통해 전하려는 내용은 개발자 아빠가 했던 활동을 똑같이 하라는 것이 아니라, 기다려 주는 부모, 응원해 주는 부모, 아이와 함께하는 부모가 되자는 것입니다. 아이는 믿어 주는 만큼 자랍니다.

그래야 아이들이 스스로 생각하고 무엇이 옳고 그른지를 판단하는 가치관을 가졌을 때 자기 자신을 소중히 여길 줄 알고 스스로를 지키는 강한 사람이 됩니다.

저는 아직 아이들에게
코딩을 가르치지 않습니다

개발자 아빠의 소프트웨어 교육 일기

초판 1쇄 발행 | 2021년 8월 13일

지은이 | 고승원
펴낸이 | 김범준
기획·책임편집 | 오소람
교정교열 | 이혜원
편집·표지디자인 | Aapaper

발행처 | 비제이퍼블릭
출판신고 | 2009년 05월 01일 제300-2009-38호
주소 | 서울시 중구 청계천로 100 시그니쳐타워 서관 10층 1011호
주문·문의 | 02-739-0739 **팩스** | 02-6442-0739
홈페이지 | http://bjpublic.co.kr **이메일** | bjpublic@bjpublic.co.kr

가격 | 16,500원
ISBN 979-11-6592-092-0
한국어판 © 2021 비제이퍼블릭